婆婆有话讲
媳妇有话说

李贝林◎著

广东旅游出版社
GUANGDONG TRAVEL & TOURISM PRESS
悦读书·悦旅行·悦享人生

中国·广州

图书在版编目（CIP）数据

婆婆有话讲，媳妇有话说 / 李贝林著.— 广州：广东旅游出版社，
2013.10（2025.1重印）

ISBN 978-7-80766-692-9

Ⅰ.①婆… Ⅱ.①李… Ⅲ.①家庭关系-通俗读物 Ⅳ.①
C913.11-49

中国版本图书馆CIP数据核字（2013）第221537号

....

婆婆有话讲，媳妇有话说
POPO YOU HUA JIANG , XI FU YOU HUA SHUO

出 版 人　刘志松
责任编辑　何　阳
责任技编　冼志良
责任校对　李瑞苑

广东旅游出版社出版发行

地　　址　广东省广州市荔湾区沙面北街71号首、二层
邮　　编　510130
电　　话　020-87347732（总编室）　020-87348887（销售热线）
投稿邮箱　2026542779@qq.com
印　　刷　三河市腾飞印务有限公司
　　　　　　（地址：三河市黄土庄镇小石庄村）
开　　本　710毫米×1000毫米 1/16
印　　张　16
字　　数　230千
版　　次　2013年10月第1版
印　　次　2025年1月第2次印刷
定　　价　68.00元

本书若有倒装、缺页影响阅读，请与承印厂联系调换，联系电话 0316-3153358

前言

女人对于爱情都怀有美好的憧憬和幻想，但是，结婚后就会发现，婚姻生活根本不像大家想象得那么美好，不仅没有了恋爱时的花前月下和情意绵绵，彼此之间也缺少昔日的亲昵和感动，而且，生活开始变得平淡而毫无激情，彼此之间少了许多的赞许和鼓励，反而多了许多的不满和埋怨，甚至，生活是如此真实而琐碎，每天都被一些柴米油盐酱醋茶的事情搞得心力交瘁、疲惫不堪。更重要的是，面对婆媳关系，总让人措手不及，婆媳之间那些无法化解和无法理清的矛盾，总是让人备受困扰和煎熬，甚至总是因此而焦头烂额。

自古至今，婆媳关系永远都不只是女人嘴边的一个热门话题，更是影响家庭和睦、婚姻美满的强力杀手。现实生活中，有许多家庭的不幸都是源于婆媳关系的不融洽，也有不少婚姻的失败也是因为婆媳关系不和造成的。其实，婆媳之间原本就没有血缘关系，也并非亲情关系，两个女人只是因为同一个男人而聚在一起，生活在一起，这种关系不仅存在着太多的不稳定性和可变性，而且，因为两个人年龄的差距、生活习惯的差别，思想观念以及受教育程度也存在着巨大差异，所以，许多婆媳之间存在着巨大的代沟，思想认识不能达到一致，因此经常会闹出一些纷争，或者因为一些鸡毛蒜皮的小事而搞得满城风雨，甚至演绎出一幕幕让人啼笑皆非的家庭悲喜剧。

因此，有些人难免会发出一些类似"婚姻是埋葬爱情的坟墓"的感叹，甚至有些人对于婚姻生活没有信心，或者心怀畏惧，对于婆媳关系更是谈虎色变。尤其是对于如今的 80 后和 90 后媳妇而言，她们从一开始就对婆媳关系不抱任何希望，结婚后，自然根本就不愿意和婆婆生活在一起，主张两个人单过，或者从思想意识中就抱着一种无法和婆婆相处的态度，实际生活中，也就根本无法相处。

其实，婆媳之间相处，更多的时候需要一种方式和技巧，不管是婆婆还是媳妇，都应该懂得婆媳之间相处的艺术，并能用一些特殊的方式和独特的技巧去解决婆媳之间的问题，化解婆媳之间的矛盾。要明白，解决问题最好的方式不是大吵大闹，更不是彼此之间争论不休，非要分出输赢成败，对于生活在同一屋檐下，与共同的一个男人关系紧密的婆婆、媳妇而言，任何的争论和战争，不仅对于双方都没有任何好处，而且伤心伤肺伤和气，还会成为别人的笑料，更加严重的是，婆媳矛盾会影响到整个家庭的幸福和安宁。

《婆婆有话讲，媳妇有话说》一书，透过家庭生活中婆媳相处的方方面面最为崭新的视角，通过对婆媳关系的解读，给予婆婆或者媳妇一些切实可行的意见，并从婆媳相处的实例中提炼出一些启示，探求婆媳之间相处的艺术，让身处其中的双方都能巧妙而艺术地处理彼此之间的矛盾，用一些艺术的方式方法将那些困扰在婆媳关系之中的婆婆和媳妇解救出来，让她们真正懂得婆媳关系的微妙之处，明白婆媳相处的真谛，让她们在不断的感悟和微笑中拨开婆媳关系的迷雾，真正找到生活中的快乐和幸福。

目录
contents

目录
contents

第三章　婆是锣媳是鼓，敲得合拍是艺术

目录
contents

第六章 笑着解决问题，婆媳间也要有点幽默感

目录
contents

目录
contents

第一章 是招来的女儿，还是迎来的冤家

　　自古以来，婆媳关系一直是每个家庭中最为微妙也最为重要的关系，而婆媳之战，也是最激烈、最难分胜负的战争，这场战争虽没有硝烟四起，却整日里闹得鸡犬不宁，杀伤力也是绝对强的，不仅让人伤心伤肺伤和气，而且更要命的是一家人搅和在中间很伤感情。因此，有人说，媳妇如果不是招来的女儿，那就是迎来的冤家。

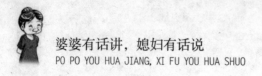

婆婆有话讲

儿子领来的媳妇，先要调教

相信做母亲的都将自己的孩子视为上帝赐予的最珍贵的礼物，倍加呵护，珍爱有加。随着孩子渐渐长大，看着他们健康快乐，就是莫大的幸福，看到孩子事业有成更是满怀欣喜，当然，最大的心愿也莫过于看到孩子成家立业，过上幸福美满的生活。大多母亲都愿意不辞劳苦地为孩子的每一阶段操心费心，当然，对于儿子娶媳妇这等大事，更是谨慎小心，严格把关，因此，大多作为母亲的，让儿子找媳妇首先得做婆婆的看得顺眼，让女儿找女婿至少也得做丈母娘的内心喜欢。

当儿子真正娶了媳妇，当母亲的也多了另外一重身份，那就是婆婆。其实，婆婆也是当初从做媳妇一步一步走过来的，而如今做了婆婆，不仅表示自己已经步入老年这一事实，更表示，自己从此以后的日子，会和以前有所不同，因为媳妇进了门，不仅仅是添一双碗筷，多一张嘴吃饭的问题那么简单，而是需要处理好婆媳关系，尽量让家庭和睦，避免让千百年来无休止的婆媳之战殃及自家城池，这是做婆婆的心愿，也必定是做媳妇的心愿。

但是当媳妇真正站在自己面前，每天和自己生活在一起的时候，作为婆婆，总觉得媳妇身上有许多她看不惯的地方，有一些做法和想法与自己想象中的相差太远，甚至让自己无法接受，不能忍受。于是婆婆寻思着，是到了想想法子的时候了，这媳妇刚进门，不能一味地顺着她的性子，也不能让她坏了家里的规矩，应该调教调教。婆婆也相信，好媳妇不是天生的，绝对是调教出来的。

　　既然婆婆动了这份心思，那么就应该立即列一个详细的计划，并付诸行动，俗话说打铁趁热，这媳妇趁着新来的时候调教效果会好一点。那么，婆婆挖空心思想出来的调教计划究竟是什么呢？一般情况下，婆婆无非会做一些类似下列的事情去调教媳妇。

　　首先，很慎重地告诉媳妇家规。国有国法，家有家规，这一点相信大家都知道，当然，对于每一个家庭而言，都有属于自己特有的家规。而作为婆婆们，既然有了媳妇，那就应该严格执行家规。婆婆明白，既是规矩，就一定要让媳妇知道。对于家规，也就是家里的规矩，大致就是诸如什么是能做的，什么是不能做的，什么做了之后能够容忍，什么做了之后坚决不能容忍且只能家法伺候的规定。并规定，如果媳妇在往后的日子里不严格执行，那么，到时候不要怪做婆婆的手下不留情。

　　其次，告诉儿子，不能一味地迁就媳妇，男人不能被老婆唬住。相信每一位做母亲的都不希望自己的儿子每天都围着媳妇转，更不愿意儿子事事都听老婆的，她们总觉得儿子应该是家里主事的，媳妇应该听儿子的话，而儿子应该听妈妈的话，这样，婆婆才能继续捍卫自己在家里的绝对领导地位。当然，儿子娶了媳妇，做母亲的心里难免有点失落感，试想自己含辛茹苦拉扯大的儿子，最终做了人家的丈夫，因为这个人的到来，让儿子和自己慢慢疏远了，自己和儿子在一起的时间再也没有以前那么多了，就这一点而言，婆婆是嫉妒媳妇的，甚至是怨恨媳妇夺走了儿子，所以，婆婆就更加不能容忍儿子迁就媳妇了。

　　另外，假如媳妇都遵守了以上两点，那么婆婆会觉得这个媳妇至少也还乖巧，懂得尊重自己，不过，这个时候千万不要以为婆婆会就此打住，她接下来绝对不会松懈，她会更加提高警惕，并会采取观望态度，琢磨这是不是眼前这位媳妇为了息事宁人而采取的迂回之术，那么，她也会想好下一步调教媳妇的计划；假如媳妇没有按照家规谨言慎行，那么，婆婆一般会给儿子施加压力，让儿子管教好媳妇，这一环节上，如果媳妇经过调教之后，懂规矩了，听话了，那么，婆婆就会从心底开心，觉得自己也算是首战告捷了，但革命的路还长得很，她需要继续谋划下一步怎么走。但是，假如媳妇恰巧在这个时候开始反抗，那么，婆婆就更加不会善罢甘休了，通常情况下，当婆婆得知自己的儿子管不住媳妇的时候，肯定除了伤心就是气愤，伤心儿子有了媳妇忘了娘，气愤儿子护着媳妇伤娘心。婆婆所有的委屈必定无处发泄，她要么会给儿子不断施压，要么就是哭闹或直接和媳妇吵，这样，一场战争一触即发。

　　嫣然自从进了张家的门，张妈也升级做了婆婆，当然，做婆婆的就得有个做婆婆的样子，张妈认为，媳妇的好与坏，调教是最重要的，所以，自打嫣然进门的那一天开始，张妈就已经心里有谱了，调教媳妇的计划已在她心里成熟并且马上要付之于行动了。像大多数的婆婆一样，嫣然进门后，婆婆所说的第一句话大致意思就是，既然你已经进了我们张家的门，就要做我们张家的人，一切规矩都得按照我们张家的来，不管你以前怎么做，但到了这里，是做婆婆的说了算。

　　嫣然听了婆婆的话，尽管心里有点不舒服，但为了张浩，她答应了，所以做事说话都谨慎小心，因为自古以来婆媳之战，那真是硝烟四起，一时间昏天黑地，闹起来会没完没了。所以，她为了张浩，为了他们以后幸福的生活，对于婆婆的话，只能言听计从。当然，张妈看到嫣然的表现，打心眼儿里开心，因为她觉得调教儿媳妇的第一步走得很顺利，那么，接下来开始第二步调教。

就在嫣然和张浩婚后度蜜月的第二天清早，当他们刚醒来的时候，张妈就打来电话告诉嫣然，张浩早晨必须要吃早餐，而且早餐一直是她亲自做的，现在既然他结婚娶了媳妇，那么，这个规矩就继续由嫣然传承下去，而且，以后一家人的早餐都由嫣然做。张妈说完这些后，就要求嫣然把电话给张浩，而后就和张浩在电话里聊个没完没了，至于嫣然，本来美好的心情就被婆婆这一通电话给破坏了，她憋了一肚子的气，独自一个人走了，也没有顾及张浩在后面大声地喊。

度完蜜月回到家，媳妇嫣然虽然表面上看起来并没有和婆婆计较，但谁又敢担保，她心中不会对婆婆有怨气呢？果然，就在他们回去的第五天，嫣然再也不想每天都洗洗涮涮地去做那些没完没了的家务了，她在娘家哪里受过这等待遇，她一气之下收拾东西回娘家了。她的突然离去，并不在张妈的意料之中，张妈原先想的是，嫣然肯定会和自己大吵一顿，却没有想到嫣然只是一声不吭地收拾东西回娘家了，嫣然前面刚出去，张妈就数落儿子："看你给我找的好媳妇，做点家务就受不了了，哪里像过日子的主儿？想当年，我婆婆对我……"

对于上面这个例子，我们在现实生活中能寻到很多类似的情况，这种情况或许大多数媳妇和婆婆都深有体会，但是无论如何，作为婆婆，尽管说调教媳妇没有错，但也要掌握个尺度。婆婆可以慢慢给媳妇灌输属于自己家的家规，作为长辈，可以教给媳妇一些待人接物的方式方法，但也不要有太高的期望，毕竟媳妇和自己以前生活在不同的环境里，对于好多事情的理解和做法肯定有所分歧，媳妇的言行举

止也不可能完全讨自己的喜欢，而且，媳妇是儿子娶回来一起生活的人，两个人在一起生活，就应该相互尊敬，没有所谓的从属关系，因此，不要老想着儿子能压制住媳妇，管住媳妇，也不要因为自己是婆婆、自己是妈就要求儿子和媳妇按照自己的方式去做任何事情。

另外，要用心去对待媳妇，用自己的诚心和真意，让媳妇主动地去做一些家务，主动地去尊重自己，而不是动不动就拿出家规、老规矩，也别动不动就拿出当初自己的婆婆调教自己的那一套用在媳妇身上，毕竟时代不同了，人不同了，采用的方式方法也不应该相同。

婆媳相处不仅仅要讲究方式方法，最重要的还是要相互真诚、彼此真心，婆婆对待媳妇不能老站在一种外人的立场上，既然做了婆媳，就是一家人，有话直说，做错事情了诚恳地说出来，媳妇会更容易接受。也不要将媳妇当成抢走儿子的仇人，媳妇也不是冤家，媳妇就是自己的女儿。另外，媳妇娶回家也需要适当地给予爱，真心实意地当媳妇是自己的孩子，这样媳妇一定会感觉到，也会去真心爱婆婆，如此，婆媳才会和睦相处，婆媳大战也不至于愈演愈烈。

喜欢漂亮的媳妇，更喜欢会过的媳妇

爱美之心，人皆有之，对于婆婆而言，媳妇漂亮当然是一件值得自豪和炫耀的事情，漂亮的媳妇不仅让人看着养眼，让自己和家人脸上有光，而且也对下一代的基因有着至关重要的决定作用。当然，婆婆对媳妇的选择标准，漂亮不是最重要的，还有许多其他条件，比如家庭背景、学历、知识内涵、礼仪、为人处世、待人接物的方式方法，这些都是值得考虑的，而且，最重要的一点就是，会不会过日子。其实，在婆婆心中，漂亮的媳妇自然最打眼，但会过的媳妇却更能入婆婆的眼。

对于婆婆而言，儿子娶来的媳妇不仅是在以后的日子中陪伴儿子度过每一天的人，也是走进自己的家庭，以后和自己朝夕相处的人。因此，在婆婆眼中，看媳妇就多了许多的标准和要求，而且婆婆也必须从多方面、多角度进行综合的审视和考虑。大多数情况下，选择媳妇不单单是对媳妇本人的挑选，更是对两个家庭的综合权衡，古时候娶媳妇找女婿，很大程度上讲究的是门当户对，对于男女双方自身因素的考虑相对较少，对于婚姻本身的完美与否也相对淡然。

然而在现代社会，早已废弃了封建社会的包办婚姻，更多地倡导婚姻自由，只要男女双方相爱，大多都能共同携手走进婚姻的殿堂，也有许多的男女，纯粹为了爱情而"裸婚"。但是，对于大多数婚姻而言，还是要对男女双方的各种条件都进行综合考虑，要求门当户对的迹象并没有完全消除。因此，作为一个母亲，作为婆婆，儿子娶媳妇，那可谓是家庭头等重要的大事，当然要慎重了，大胆对比，小心选择，只有各方面都优秀的媳妇才能入婆婆的法眼。

李静不仅人长得漂亮，更有稳定的收入，自从李静进门之后，做婆婆的王妈逢人就夸自己的媳妇如何如何好。而平时，李静下班后也从不闲着，如今婆婆王妈退休在家，每天就做点家务，给一家人张罗三顿饭，而李静一回到家里，就会主动帮婆婆一些小忙，比如婆婆做饭，她就帮婆婆择菜、切菜，或者吃完饭洗碗，打扫卫生，婆婆每次都说这些小事儿她一个人就能搞定，每次都让李静去休息，其实，她心里乐呵得很，打心眼儿里喜欢李静。

而且，李静平时也从不乱花钱，不会像邻居家的媳妇，喜欢网购、喜欢品牌，李静平时就几套换穿的衣服，每天洗得干干净净地换着穿，必要的时候适当地添置几件，让做婆婆的看在眼里，乐在心里。

其实，对于李静这样的媳妇，不要说婆婆喜欢，就是外人看见了也会喜欢的，她不管是相貌还是持家过日子，都是无懈可击的，所以，她当然能入婆婆的法眼了。那么，一般而言，婆婆眼中的好媳妇究竟应该具备哪些条件呢？

（1）有属于自己的事业

现代社会，女人不再是男人的依附，而是要有属于自己的事业，撑起自己的那半边天。因此，在大多数婆婆眼中，儿子带来的媳妇，首先要有属于自己的事业，要有一份稳定而光鲜的工作。儿子娶媳妇，不是为了娶来一个无所事事的人给家里增加负担，媳妇最好能有不错的经济收入，和儿子共同承担起家庭的责任，这样不至于让儿子一个人孤身奋斗，再者说，媳妇有能力，婆婆在亲戚朋友面前脸上也有光，也有炫耀的资本。

（2）识大体、懂道理，不丢家人的脸

媳妇进了门，就成了家庭的一分子，而每个家庭成员直接关系着整个家庭的荣辱兴衰，每个成员的言行举止、行为准则都直接影响到大家对一个家庭的评判，因此，作为媳妇，应该要在面对大事的时候识大体、懂道理，面对小事的时候不给家人丢脸。假如作为媳妇无法检点自己的行为，让别人老在背后指指点点，败坏的肯定是夫家的名声，丢的是公婆和丈夫的脸。自家的媳妇识大体，端庄懂道理，公婆也会有面子。

（3）不仅要孝顺，而且要懂得尊重长辈

自古以来就提倡"百善孝为先"的观念，在现今社会，孝顺仍然是评判一个人品德优劣的标准之一。那么，对于婆婆而言，娶媳妇当然也要娶个能孝顺公婆的，毕竟自己辛辛苦苦将儿子养大成人，谁也不愿意看到儿子因为娶了媳妇而忘了爹娘，媳妇不懂事、不孝顺会让公婆很受伤。而且，娶的媳妇还应该懂得尊重长辈，尊重公婆的饮食起居习惯和待人处世的原则，尊重公婆所说的每一句话，所做的每一件事。

（4）长得漂亮固然好，但最重要的是会持家过日子

现代社会，找个漂亮的媳妇相对还是比较容易的，但是，要找个会持家过日子的媳妇还真的比较有难度。如今，大家的生活条件都相对较好，对于子女的疼爱和娇惯自然不必多说，尤其对于一些独生子女，如果家庭条件优越，那么，就很少有会持家过日子的。甚至有时候，儿子娶进来的媳妇成了女皇，公婆成了全职保姆，给媳妇洗衣做饭，而媳妇反而落个悠闲，因为什么家务都不会做，饭菜也不会做，会的就是游手好闲、逛街玩耍。这样的媳妇，即便美若天仙，也必定不会入婆婆的眼。

相对漂亮的媳妇而言，婆婆们还是更加喜欢会持家过日子的媳妇，即便媳妇以前没有做过家务，做得不好，只要愿意学习，愿意做，哪怕是做得很少，婆婆都会打心眼儿里喜欢。而且，婆婆也喜欢会勤俭

节约的媳妇，自古以来勤俭节约就是评判妇女美德的标准之一，在现代社会，这一点依然没有改变。做媳妇的，平时不要动不动就去购物、去败家，动不动就买回来一些扔了可惜却实在没用的东西是不可能讨婆婆喜欢的。结婚过日子是实实在在的事情，要生活，也要懂得节约，会持家过日子的媳妇婆婆最喜欢。

树立自己的威信，家长地位不能动摇

现代家庭里面成员都比较简单，公公婆婆，儿子儿媳，另加孙子。作为婆婆，在家庭里面一般都处于核心领导地位，在一定程度上，婆婆不仅掌管着家庭的经济大权，而且包管家里的大事小事，甚至是芝麻绿豆微不足道的事情。因此，家庭中的所有成员，都必须维持这一现状，即便和儿子媳妇生活在一起，婆婆的核心领导地位仍然不能动摇。婆婆的威信，很大程度上不仅来自于家庭成员尤其是媳妇的尊重，更重要的是，媳妇适当而巧妙地顺从。

婆婆为了有效地管理家庭，维护自己在家里最高统治者的地位，必须在媳妇面前树立威信。因此，在婆婆看来，媳妇长得漂亮，会持家过日子那自然是儿子的福气，也是她这个做婆婆的造化；假如媳妇能懂得尊重家长，做事乖巧，能做到以她这位婆婆为中心，维护她的核心领导地位，那么，这样的媳妇就应该算得上完美了。其实，大多时候，婆婆对于媳妇的期望甚至要高于对儿子的，在婆婆眼中，媳妇就应该有做媳妇的样子，在家里听家长的，按照家长的意思做事肯定没有错。

一般而言，做长辈的都喜欢用自己的做事方式及处事原则去要求晚辈，对儿子如此，对媳妇自然也是如此。婆婆作为家里大小事的内务总管，统领着整个家庭的事，所以，做媳妇的，凡事最好做到事前请示，事后汇报，做每一件事都应该首先考虑到婆婆的想法，但凡婆婆明文规定的不能违反的事情坚决不能做，不能说的话最好不要多嘴，这样，婆婆不仅能继续保持自己的统治地位，而且，这样的媳妇在婆婆眼里，自然是乖巧而懂事的。

杨梅和桃花是闺蜜，两个人性格相仿，都属于开朗型的性格，而且说话做事雷厉风行，两个人自小学到大学都差别不大，但是自从结婚之后，两个人的差距就越来越明显了。

杨梅虽然和丈夫的感情很好，但是婆媳关系却极为紧张，婆媳二人做事说话互不相让，经常因为一些鸡毛蒜皮的事情闹得不可开交。

婆婆平时做事说话杨梅根本不当回事，她本来从小就任性自由惯了，所以哪里能由着婆婆说了算。

相反，桃花不仅和丈夫恩爱有加，最主要的是她能讨得婆婆欢心，这婆媳之间相处好了，整个家庭都呈现出一派和睦祥和的景象。而邻里八乡的也都夸赞桃花是个好媳妇，不仅人长得漂亮，更主要的是懂得尊重孝顺公婆。

这话说给别人或许还真有人相信，但是据杨梅对桃花这么些年来的了解，打死她也不相信桃花会这样。所以一次两人见面时，杨梅特意将心中的疑惑向桃花提出，桃花的一番话，让杨梅恍然大悟。

桃花告诉杨梅，其实自己脾气倒是没有大的变化，但是，她之所以和婆婆能和睦相处，主要的原因是她在人前给足了婆婆面子，在家里也对婆婆十分尊重，从来都以温顺的小绵羊的姿态面对婆婆，比如平时做什么饭，买什么菜，都会请示下婆婆，问问人家的意思，而且，对于家里平时用的一些日常用品，都也询问婆婆的意见，比如什么牌子啊、哪里去买实惠啊……更重要的是，如果能当着邻居们的面问婆婆这些事情，婆婆会更高兴。

其实事实还真就像桃花说的那样，婆媳之间相处，婆婆的威信始终要放在重要的位置，做媳妇的懂得尊重婆婆，维护婆婆的面子和尊严，婆婆心里自然舒畅，眼里的媳妇也就顺眼顺心多了，自然就不会因为一些小事情和媳妇计较，即便媳妇偶尔做错了事，说错了话，婆婆也都会谅解的。那么，究竟媳妇怎样做才能维护婆婆的威信呢？

（1）收敛所有的小性子

在婆婆面前，媳妇就是媳妇，尽管婆婆们都会说将媳妇当成女儿，但那也是有区别的。因此，做媳妇的无论以前在家里如何地养尊处优，如何地备受溺爱，但是到了婆家，那些小性子绝对要收敛着，尤其是在面对婆婆的时候。

（2）在外人面前，维护婆婆的尊严

聪明的媳妇懂得在外人面前维护婆婆的尊严，给婆婆面子，毕竟，在婆婆面前，媳妇永远是晚辈，做晚辈尊重长辈是天经地义的，这样，婆婆在外人面前也觉得有面子，能抬得起头挺得起胸，能觉得自己始终是家里的核心领导人物。再说，在外人面前给婆婆面子，也是给整个家庭树立威信。

（3）说话也要讲究艺术

俗话说：祸从口出，病从口入。说话是一门艺术，说好了给人以美的享受，说错了，不仅会得罪人，也会显出说话者的素质不高。因此，媳妇在婆婆跟前说话，更要懂得说话的艺术性，不要动不动就和婆婆顶嘴，即便婆婆说错了，说的话没道理，也要委婉地提出来，或者一笑了之，而且，和婆婆说话要懂得尊重，不要什么话都说，该说的说，不该说的打死也不能说。

作为媳妇，就是晚辈，关门在家，媳妇就应该懂得尊重公婆，毕竟公婆是长辈，所以，做事说话都不能任性，不顶嘴，不乱发脾气。在外人面前，婆媳就是一家人，时刻都应该维护家庭的尊严和威信，而婆婆的威信就代表着家庭的威信。另外，做媳妇的，即便婆婆平时批评几句，也要虚心听着，不能顶嘴，做父母的每一件事都是为孩子着想，即便说错了，也要耐心地听着，再说，做婆婆吃的盐比媳妇吃的饭都多，大多数时候都不会说错的。

媳妇刚进门，不能让她顶嘴

儿子孝顺、懂事，定是每个做母亲的心愿，同样，媳妇贤淑、乖巧更是每个婆婆都求之不得的。无论在古代还是在现代社会，婆婆在家里都属于统治、领导阶级，媳妇在家必须得听婆婆的，这不仅因为婆婆是长辈，需要晚辈的尊重，而且，这也是婆媳相处最起码的礼貌。在家里，媳妇应该懂得尊重婆婆，对于婆婆说的话，如果是对的，就应该遵从，如果是错的，也应该找一种合适的方法委婉地提出来，而不是去顶嘴。

贤淑、乖巧的媳妇总能讨婆婆喜欢，在婆婆眼中，媳妇终归是媳妇，尽管嘴里说是自己的女儿，但是在根本上是有区别的，不管婆婆多么喜欢媳妇，多么疼爱媳妇，最终都无法和女儿相比。女儿在自己的妈妈跟前，那是掌心里的宝，撒娇、淘气、任性都无所谓，即便和自己的妈妈顶个嘴，吵两句，事过了也就过了；但是媳妇在婆婆跟前不一样，撒娇、淘气、任性都不管用，顶嘴就更加犯了婆婆的大忌。

在婆婆看来，儿子是自己亲生的，辛辛苦苦拉扯大不容易，平时任性、淘气、撒娇那是无可厚非的，她疼爱儿子，也就无所谓了，就算儿子平时偶尔顶个嘴，那也是情有可原的；但是媳妇就不一样了，做媳妇的，你要撒娇、任性，或许在你自己的妈妈面前可以，但是在我跟前，那就行不通了，你不孝顺我也就罢了，凭什么我还要受你的气，我把儿子拉扯大不容易，娶媳妇是为了孝顺我的，不是给我气受的，敢和我顶嘴，你就死定了。

纤纤和老公结婚以来，一直和公婆住在一起，纤纤性格比较内向，平时说话比较少，婆婆属于心直口快的人，说话做事都很直爽，纤纤知道婆婆是刀子嘴豆腐心，所以凡事都不和她计较，而在婆婆眼中，纤纤乖巧懂事，深得她欢心。

然而有一次，婆媳二人一同去超市买东西，纤纤很喜欢一个花瓶，顺手就放在了购物车里，等到出去付款的时候，婆婆发现那花瓶很贵，觉得好看不中用，在付款的时候不让买，而纤纤执意不肯放弃，婆婆来气了，就大着嗓门说："好看不中用的东西，买它干吗，还不如买两件衣服呢。"惹得收银员和周围的人都笑了，但是纤纤脸上挂不住，她脸一阵红一阵白的，便顺口说了句："我就觉得很好看，怎么就好看不中用了，我房间那个花瓶太难看了，我早就想换一个了。"这样一来，婆婆脸上有点挂不住了，就气冲冲地拿了东西径直走了，丢下纤纤在身后发呆。

纤纤追出去早已不见婆婆的踪影了，她心想，这点小事犯得着生气吗？于是干脆先不回家，找了一家蛋糕店去吃蛋糕了。吃完蛋糕回到家里，她发现气氛有点不对劲儿，问老公怎么回事，老公铁着脸说："你怎么能这样对待妈妈呢，好歹她是长辈，你怎么能当着那么多人的面和她顶嘴呢？有事就不能好好说？"

纤纤听到老公这样说自己，气不打一处来，心想还真是恶人先告状，不就一个花瓶吗？不买就算了，犯得着这样吗？但是她强忍怒气，心平气和地说："我也没有顶嘴啊，我只是说自己房间的那个花瓶太难看了，想换个新的而已！"

"难道是我说错了？自己顶嘴还不承认，你是要在我儿子面前说，是我这个做婆婆的无理取闹吗？"听到纤纤的话之后，本来躲在房间里生闷气的婆婆暴跳如雷地出来理论来了。看到婆婆这个架势，纤纤有委屈也只能暂时忍了，她强忍着泪水说："不是的，妈，我不是那个意思，我的意思是，反正我也说不清楚，总之您不要生气了！"看到纤纤承认错误，婆婆这才放低了声调："这就对了，说错话就应该承认，承认了就是好孩子！"这个时候，纤纤真的是欲哭无泪，她不知道该说什么，该做什么，没想到平时她和婆婆相处不错，居然因为一件小事而闹得不开心，而且还让老公也数落了自己，不过，为了不再激化矛盾，她也只能强装欢颜，只为了求得一份安宁。

其实，在一个家庭里面，婆媳相处的过程中，难免会磕磕碰碰的，俗话说，牙齿和舌头相处得再好也有磕碰的时候，何况婆媳之间。原本两个人之间有着不同的观点和为人处世的方法，年龄的差距也那么大，所以根本不可能做到事事都能达成共识，时时都能安然无恙。就

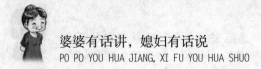

像故事中的婆媳，尽管平时相处得很好，但是，就因为一件小事情，媳妇偶尔一次的顶嘴，其实也算不上纤纤犟嘴，就惹怒了婆婆，更加糟糕的是，老公和自己的妈妈站在一面数落媳妇，让原本和睦的家庭充满了战争的硝烟味。

所以，在一个家庭里，只有婆媳关系相处融洽，家庭才能和睦，万事皆顺心；反之，假如婆媳无法好好相处，三天一大吵，两天一小吵，那么，这个家势必会被搞得鸡犬不宁，甚至，原本幸福美满的家庭也会因此而变得支离破碎。

争执和不快是谁也不想看到的事情，更何况是一个家庭中的两个人。婆媳产生不愉快往往是因为对对方的观念不认同而造成的，两代人中间必然会出现代沟。出现这样的情况，作为婆媳双方不妨都退让一步，各自站在对方的立场上想一想，换位思考之后，势必会少很多争执和不快。

媳妇有话说

老公得宠，婆婆得哄

相信每个女孩都是父母的天使，从小就在父母的万般宠爱中长大，然而，长大后，找到了属于自己的另一半，共同步入婚姻的殿堂，进了婆家的门，当了媳妇，必定也希望能得到老公的宠爱和婆婆的疼爱。当然，得到老公的宠爱比较容易，毕竟两个人是因为爱情走在一起的，如果老公不爱自己，那也不可能嫁给他，可是，如果想要得到婆婆的疼爱，那可不是一件容易的事情，自古以来，婆媳就是冤家对头。

女孩优雅转身成为妻子和媳妇，相信在内心感到惊喜的同时，生活和现实也会带给她许多惊喜和意想不到的事情。当然，从此有了老公的疼爱和呵护，幸福也会悄然降临，在每一个卿卿我我的时刻，完全可以沉浸在爱情的美好世界中。但是，婚姻在带来幸福的同时也伴随着许多烦恼和痛苦，因为婚姻不仅仅是两个人私密世界里的山盟海誓，还直接关系到两个家庭，尤其是媳妇，一般都要经历一次家庭环境的改变，同公婆同处一个屋檐下就要面临许多考验和磨练，毕竟以前处于完全不一样的环境中，而今要生活在一起，需要注意哪些问题呢？

（1）不要打破婆婆的作息时间

婆媳之间往往年龄差距较大，因此，作息时间必然不同。大家都知道，上了年纪的人瞌睡就少了，都比较勤快，喜欢早睡早起，不像年轻人，喜欢睡懒觉，喜欢晚睡晚起，这样一来，婆媳之间的作息时间根本无法一致，那么，做媳妇的就应该尊重老人，在老人休息的时候不要大声吵闹，如果婆婆根本无法接受自己睡懒觉，那就不要睡，少睡几个小时，问题没那么严重，没有必要因此而和婆婆闹矛盾。另外，不要试图去打破婆婆的作息时间，相信，几十年来，她早已适应了这个作息时间。

（2）不要试图改变婆婆的饮食习惯

每个人都有属于自己的饮食习惯，作为媳妇，和婆婆生活在一起，就应该考虑和顾及对方的饮食习惯，在做饭的时候，尽量地多照顾老人。如果老人是北方人，当然就不能放那么多辣椒，而且，北方的人一般比较喜欢吃面食等等，千万不要一贯地按照自己的饮食习惯，这样，婆婆肯定会觉得媳妇对自己一点都不关心，会严重地影响婆媳关系。切忌试图改变婆婆的饮食习惯，多少年来形成的习惯，并非一朝一夕能改变得了的，所以，也不要做无用功，吃力不讨好。

（3）学会忍让和迁就

在婆婆面前不同于在自己的妈妈面前，许多规矩都要遵守，许多事情都要迁就。所以，结婚后，不管是媳妇还是婆婆，心里势必有很大的落差，主要的是媳妇觉得，如今结婚了，老公反倒没以前恋爱的时候疼自己了，婆婆更不用说了，说什么就必须让人照办，毫不含糊，她根本就不疼自己，自己又何必对她那么迁就呢？但是，做媳妇的，一定要学会迁就和忍让，不要一味地逞强狡辩，这样，婆媳关系自然会融洽。

小米和老公结婚以来就一直和婆婆住在一起，因为老公就婆婆一位亲人，所以肯定要一起生活。但是小米一直都习惯了和自己的父母生活在一起，在自己的家里，父母为自己打点好一切，而且，父母也从不干涉自己的生活习惯，这些年来她喜欢那种自由自在、无拘无束的生活，并且有父母的宠爱，她感觉自己很幸福。但是结婚后，和婆婆生活在一起，让她觉得很不自在。

而且婆婆平时比较啰嗦，事事都要过问，这让小米觉得很不舒服。更加要命的是，婆婆平时洗澡更衣都不关门，而且每次洗澡都喊老公搓背，内衣内裤随便就晾在洗手间，这点让她着实受不了，她觉得虽然是做妈妈的，但也不能开放到这个程度吧，毕竟儿子都成年了，有了媳妇，怎么能如此不避嫌呢？对于这件事，她和老公委婉地提过，但是老公并不以为然，说这些年只有妈妈拉扯自己，所以两个人习惯了。为此，小米心里一直有个疙瘩，而且，一起生活的时间越长，婆婆在她心中的形象也越糟糕。但是，她又不能提出和婆婆分开过，这样不仅老公不同意，自己也觉得有点不近人情。

　　婆婆对于小米周末的赖床行为，也是看不惯，刚开始的时候，还能委婉地劝说，但是到了后来，就干脆夹带着骂了。一次，小米听得很清楚，婆婆在和邻居说自己是多么的懒，九点钟了还不起床，还要她做好早餐请过来吃饭。为此，小米心里就更不痛快了，而且暗暗在心里和婆婆较起劲儿来。婆媳之间都心存芥蒂，最终，在一个周末的清晨，婆婆起床后站在客厅破口大骂，骂儿子找的什么媳妇，这哪里是娶媳妇，简直是领来了祖宗，战争一触即发，媳妇顾不得穿好衣服，跑到客厅将长期以来积聚的怨气一下子发泄出来，之后收拾行李回了娘家。小米回到父母身边，感觉自己太幸福了，爸妈是那样宠爱她，平时对自己的衣食住行都很照顾，而且她愿意睡到几点就几点，起来之后保准有妈妈做好的美食出现在面前，但是，婆婆怎么就如此地不通人情，不就多睡会儿，至于吗？小米这才发现，要得到婆婆的宠爱，那比登天还难！

　　其实，对于事例中的婆婆和媳妇，她们之间没有很大的矛盾和解不了的结，主要矛盾是因为生活习惯的不同而引起的。小米作为媳妇，不应该像在父母身边那样，她应该迁就婆婆，并且给婆婆一个适应的过程，当然，作为婆婆，平时习惯早起，因此，对于小米的赖床看不习惯那也是情理之中的。另外一点，就是小米仍然将自己和婆婆之间的关系同自己和妈妈之间的关系进行对比，她内心总觉得自己的妈妈

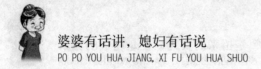

疼爱自己，而婆婆一点都不疼爱自己，这种心理的落差让她对婆婆产生了一种抵触情绪，所以当婆婆对自己有些要求和批评意见的时候，她就再也无法忍受，长此以往，婆媳之间不发生战争那就真的不正常了。

同老公结婚本来是想得到更多的疼爱，让原本幸福的生活过得更加美满幸福，和婆婆生活在一起也是为了考虑老公的感受，更是因为不想婆婆一个人孤苦伶仃、无依无靠，可是，婆婆为什么就不能体谅下做媳妇的好心？为什么就不能看到媳妇的优点？试着站在媳妇的立场上考虑，不要那么多规矩、那么苛刻，难道试着迁就一下媳妇，给媳妇一点疼爱会死人？一家人生活，和和睦睦、相安无事有什么不好，非要闹得个鸡犬不宁吗？

过日子得学，婆婆喜欢巧媳妇

结了婚过日子不像过家家那么简单，要面对许多实实在在的事情，尤其是和公婆生活在一起，那更要事事谨慎、时时小心。过日子，涉及生活的各个方面，要懂得计划，要谋划得当，不仅要让一家人过得舒坦，还要懂得节约。其实，过日子也是一门学问、一种艺术，懂得其中奥妙的媳妇，能将日子过得有滋有味，不懂得这门艺术的媳妇，不仅将日子过得一塌糊涂，而且吃力不讨好，还落得许多抱怨和嫌弃。

对于走进婚姻生活的每一位媳妇而言，居家过日子是最基本的事情，尽管现代社会，女人都有属于自己的事业，家庭不再是她们唯一的舞台，作为职业女性，她们有属于自己的别样生活，然而，结了婚，成了家，就不得不钻研经营家庭的学问了。"过日子"三个字看起来、写起来都很简单，可是，真正操作起来却又并非简单，尤其是对于现代一些职场女性而言，柴米油盐的事情似乎距离自己很远，做家务这些简单而实际的事情，在她们眼中要比几单生意、几本策划案复杂多了。

但是，许多当了媳妇的女性，为了家庭幸福，为了讨得公婆欢心，还是能够接受一切都从头学起的现实，平时虚心地向婆婆请教，耐心地去做，可有时效果总不尽如人意，为什么一盘最普通的番茄炒蛋经自己的手做出来，就变得面目全非了呢？番茄没有番茄的样子，鸡蛋变成了咸蛋，尽管第一次失败，但是坚决不气馁，不是说一回生，二回熟嘛，但是，第二次尽管比上一次有所进步，但还是差强人意，看着桌上婆婆阴云密布的脸，就有一种强烈的挫败感。

心怡是一家外企的技术总监，别看她平时事业做得风生水起，但是对于家务活，却显得笨拙不堪，自打结婚以来，她虚心学习，但是一直都不得要领。其实，对于如此优秀的媳妇，婆婆是打心眼儿里喜欢，能看到心怡真正学会居家过日子，在婆婆看来，那是一件自己求之不得的事，在以后的日子里，她就安心了，她就完全可以将儿子放心地交给媳妇了。

心怡不是那种不懂事的媳妇，平日里不管待人接物还是和公婆相处，都比较稳妥，而且更重要的是，心怡个性比较好，脾气温和、上进心强，对于婆婆的教导都能耐心听取，从不顶嘴。

自打结婚后，饮食起居都由婆婆亲自打理，这一点上，心怡从内心深处感激婆婆，也倍感内疚，所以她总是想方设法地补偿婆婆，每次有什么好吃的东西，她都会先给婆婆吃，有什么好看的衣服，也都给婆婆买来，婆婆当然也是看在眼里，乐在心里。但是随着时间的流逝，久而久之，婆婆对于心怡不做家务不做饭也心存不快，所以在和亲戚闲聊的时候，随口说了自己心里的不快，尽管婆婆当时是闲聊，觉得说了就说了，但是没有想到，这位亲戚却将原话添油加醋地说给了心怡，这让心怡心里感到别扭。她总觉得自己和婆婆相处不错，感情也不错，婆婆完全可以当面说给自己，没必要说给外人让人家看笑话。

从此以后，心怡就一直劝说老公，并且直接说出了自己的顾虑，最终，他们决定先搬出去单过，避免今后和婆婆发生矛盾。而对于婆婆而言，她自始至终也没有搞清楚，为什么过得好好的，心怡就搬出去了呢，是自己伺候得不好，还是另有原因，她一直都没得到答案，不过这样分开过也好。

针对故事中的心怡和婆婆，他们之间的相处已经算是婆媳之间的典范了，媳妇尽管不会做家务，但是婆婆能够体谅，尽管两个人最后的分开生活只是因为一句闲话，但彼此还是没有撕破脸皮，而是和平散场，也相信在以后的日子中，大家依旧不会发生大的冲突和矛盾，这份相处反而会更长久。所以，婆媳之间相处，如果能一起生活相安无事那自然完美，如果无法再相处下去，还是试着找一种解决的方法暂时缓和矛盾，就像故事中的婆媳，分开一段时间单过，不失为一种明智的选择。

但是，作为媳妇，应该试着学会过日子，那么，究竟应该学点什么呢？以下是给媳妇的几点忠告：

（1）至少学会做几道家常菜，会做简单的家务活，起码要学着收拾房间，尽管现在小时工都很方便，但是，女人起码得会做点简单的家务，要上得厅堂，下得厨房；

（2）尤其在婆婆面前，不会做也要学着做，虚心向婆婆请教，耐心地去尝试，相信婆婆自然能看在眼里；

（3）即便是自己和老公单过，老公也会喜欢媳妇偶尔露一手，偶尔做点家务，或者给自己洗一两件衣服。

作为职场女性，只要事业有成，谁还在乎居家过日子这等小事，但是既然婆婆比较喜欢会过日子的媳妇，那么，为了老公，为了自己以后和婆婆的和睦相处，我能接受重新开始学习做家务、做饭，但是，这实在太难了、太纠结了，实在无法得到婆婆的赞扬，那么，与其这样，还不如分开过，俗话说眼不见心不烦，婆婆看不到自己自然心里清明，而对于自己而言，分开也正好少了一份烦恼和纠结。

我不是来跟你抢儿子的

婆媳之间本身没有血缘关系，因为同一个男人才成为一家人，但是，这种关系历来就矛盾重重，婆媳之间的战争不仅影响到夫妻之间的感情，甚至直接关系到两个人婚姻的幸福与否。当然，时代不同了，婆媳之间早已是一种平等相处的关系了，尽管媳妇尊重婆婆是情理之中的事情，但是，有时候在婆婆眼中，媳妇就是一个狐狸精，是和自己抢心爱的儿子来的，当婆婆的无法明白媳妇的心思和对自己的感情。

随着人们观念的日渐更新，人与人之间相处的方式和关系也日趋直接，但是，婆媳关系却一直是困扰很多家庭的一项顽疾，现实中，有许多人因此而备受煎熬、痛苦不堪，婆媳关系早已成为影响夫妻关系的一大问题，更是一道难以逾越的鸿沟，甚至有人多年来纠缠在其中苦不堪言。

　　当然，对于婆婆而言，几十年来，儿子是她最爱的人，她一直呵护和爱着自己的儿子，但是当有一天，儿子领回来一个女人，并付出所有的爱和真情去呵护、宠爱这个女人，婆婆看在眼里，肯定会痛在心里，她对媳妇的敌意必定是发自内心深处的，甚至是咬牙切齿的。因为大多数情况下，婆婆多年来只是单方面地付出，她并没有得到儿子太多的尊敬和爱，那么，当儿子和媳妇在自己面前表现出卿卿我我的时候，她心理的落差可想而知，不觉得媳妇是和自己抢儿子才怪。

　　王芳自从怀孕以来就辞职做了全职主妇，婆婆也随之和她生活在一起照顾她的饮食起居，但是好景不长，没几天后，婆婆每天言语中总会带刺儿，透露出一种对媳妇的鄙视和轻蔑，王芳平时和老公稍微亲密一下，婆婆就会说："你看你现在辞职在家，吃我儿子的，穿我儿子的，就应该懂得知足，做好自己的本分！"

　　后来，王芳为了在某一次网络活动中参赛赢取一箱子奶粉，就将好多时间都投进去，因为每天要拉票，所以她更多的时间都是趴在电脑前。但是这样一来，婆婆肯定不高兴了，有一天晚饭的时候，婆婆在王芳的老公面前拍着桌子说："儿子，拉扯你这么大，本盼望能娶了媳妇让我享几天清福，现在我反而成了奴隶，每天还要伺候你媳妇，她倒是每天玩着电脑，还天天对着电脑又笑又跳的，成什么样子啊？你再不管教一下，她还不反了天了！"听完婆婆的话，王芳的泪水就像开了闸门的洪水一样哗啦啦而下，她突然感觉委屈极了，好像被全世界抛弃了一般，当然，那一瞬间，她对婆婆只有恨，再也没有任何感情了。

故事中的媳妇王芳，因为辞职在家待产而受到婆婆的蔑视和鄙夷，婆婆觉得她没有了收入，吃儿子的，穿儿子的，就应该多承担点家务，对婆婆好点，伺候好婆婆，这站在婆婆的立场上也没有错，毕竟她把儿子拉扯大，谁不指望儿子能娶了媳妇孝顺父母呢？然而，王芳自己也没有太大的错，她辞职也是为了准备迎接新生命的到来，而非无所事事。当然，她在网上参加比赛的初衷是好的，是为了赢得奶粉，为家里减轻负担，但是这点婆婆并不知道，她应该试着告诉婆婆自己的想法，或许婆婆还会赞同呢，即便不赞同，也不会造成大的误会。其实，婆媳之间相处之所以矛盾重重，主要还是以下几点原因造成的：

（1）对爱的表达方式不一样

要知道，在妈妈的眼里，儿子即便白发苍苍了那还是她最爱的孩子，她不舍得儿子太劳累，不想儿子有那么大的负担和压力。所以，婆婆会觉得，做媳妇的就要为家庭分担一下，照顾好儿子的饮食起居，一切事情都以儿子为中心。假如媳妇每天只知道撒娇，只过那种养尊处优的日子，在婆婆眼里，无疑是对儿子的虐待，她心中的愤怒不爆炸才怪，她当然会想方设法找茬儿来发泄怨气。

（2）夺人战争

当妈妈的有一天突然发现儿子身边多了另外一个女人，而且这个女人一进门就受到儿子的百般呵护和疼爱，那一刻，妈妈的心里肯定掺杂着各种味道，失落感也可想而知。如若换作是明事理的婆婆，自然也会像疼爱儿子一般疼爱媳妇，相反，她就会觉得生活再也无所寄托，

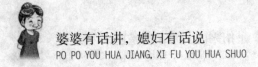

那种失落感的刺激，会让她对婆媳关系极度敏感，稍有风吹草动必然会掀起一场腥风血雨的战争。

（3）利益冲突

虽说婆媳是一家人不必去计较，但是，在琐碎生活中，比如谁做家务、谁带孩子、谁做饭、男人赚的钱归谁管……如果这些事情协调不好，势必会影响到婆媳关系，长此以往，一场婆媳大战定然会上演。

（4）心眼小，爱计较

女人大多心眼比较小，会为一些鸡毛蒜皮的事情计较，甚至耿耿于怀，婆婆如是，媳妇也如是。许多的时候，因为个性差异，性格不合，加上心思细腻、敏感多疑，好多事情都在心里藏着掖着，一旦出现问题，就会像被引燃的定时炸弹，一发不可收拾。

婆婆太不懂自己的心思了，每次自己的真心换来的似乎都是冷眼相对或者误会。其实，媳妇嫁进来只是想一家人好好地过日子，并不是和你来抢儿子的，再说，你始终是妈妈，是婆婆，谁能动摇你的地位呢？你儿子是疼我，但是这有错吗？难道娶来媳妇只是为了分担家务、生儿育女、延续香火的吗？就不应该得到一点点疼爱吗？请站在媳妇的立场上想一想吧，媳妇也是爸妈生的，在万般宠爱下长大的，你就不能多点理解，多点爱吗？

说话小心翼翼，听话难得糊涂

说话是一门艺术，同为人处世一样重要。婆媳之间，更要懂得说话的艺术，尤其是要掌握好一个度，不该说的话不说，没必要说的话也不说，含沙射影的是非话绝对不能说，尽量谨慎小心，否则难保祸从口出，引发一场矛盾，激起一场战争。因此，婆媳之间说话只要掌握好这个度，就会避免许多的误会和矛盾，也能避免许多战争的上演。

面对婆婆，不仅要懂得尊重，说话更加要小心谨慎，这不仅是因为婆媳之间年龄、个性的差异性以及婆媳天生的敌对性，更因为婆媳本身就是长辈和晚辈的关系，尽管现代社会婆媳也可以平等相处，但终究是长幼有别，所以，心直口快、口无遮拦的媳妇要尤其注意说话的分寸和方式方法，千万不要因为一句无心的话引起不必要的争执和矛盾。

当然，做婆婆的也要在媳妇面前讲究说话的艺术性，不能出言不逊，更不能动辄就以命令或者生硬的口吻去要求媳妇、去谴责媳妇，要懂得平心静气地去沟通，即便媳妇做错了，也应该找一种双方都容易接受的语气委婉地提出来，相信，即便再不明事理的媳妇，面对婆婆的苦口婆心和真诚教育，也不至于发脾气和婆婆翻脸吧！

小薇自从怀孕以来，见不得荤腥，一点辣椒都吃不下去，即便吃下去了也会胃痛。但婆婆是湖南人，自小就吃惯了辣椒，所以，几乎每顿饭菜里面都有辣椒。为此，小薇也多次告诉婆婆，自己吃不了辣椒，而且让老公也多次和婆婆沟通过，但婆婆总是当作耳边风，还是一如从前。

为此，小薇心里很不痛快，她觉得这是婆婆在故意针对她，在和她作对，这种想法一旦生根，就会像蒿草一般在心里疯长，长此以往，小薇心里的怨气再也憋不住了，终于有一天，小薇直接当着婆婆的面说："这些日子，你当我是什么，还是儿媳妇吗？还是自家人吗？你明知道我怀孕了吃不了辣，你却每顿都放辣椒，即便你不为我考虑，也应该为我肚子里的孩子考虑下，这孩子好歹也是你的孙子吧！我真的是受够了，这日子没法过了！"小薇说完后，就不理婆婆了。

当婆婆的哪里受过这等待遇，她平时也是任劳任怨，伺候了儿子还要伺候媳妇，最终却落不下一点儿好，如今还受媳妇的如此待遇，想到这些，她忍不住老泪纵横，哭着喊着："我不活了，这媳妇反了天了，居然对我这样，好歹我没有功劳也有苦劳啊，儿子啊，妈妈不想活了！"就这样，婆婆闹开了，作为儿子和丈夫的男人，这个时候真是老鼠夹在风筒中间，两头受气。而从此，家里再也不会消停了，他一边要哄怀孕的老婆，另一边也要哄自己的妈妈，真是左右为难啊！

故事中的婆媳，之所以闹起矛盾，最重要的根源还是在说话方式上，媳妇怀孕了属于特殊时期，婆婆理应照顾好，考虑到媳妇的身体状况，但是婆婆却视而不见，这一点，媳妇肯定心里有怨气。但是，媳妇也应该再次试着和婆婆沟通，推心置腹地向婆婆表明自己目前所处的境况，动之以情，晓之以理，想必再不通情理的婆婆也会设身处地地为媳妇着想，为媳妇肚子里的孩子着想。但是，媳妇采取了大吵大闹，直接指责婆婆的做法，这不仅让婆婆没面子，更加伤了婆婆的心，毕竟她是做婆婆的，岂能忍受媳妇对她大吼大叫、横加指责。

当然，婆婆也有错误的地方，媳妇都说过多少次了，她怎么就一点心思都不用呢？媳妇好多次都表示自己不能吃辣椒，其实这是很简单的事情，就算她自己每天每顿都离不开辣椒，但是可以分开给媳妇做一点没有辣椒的，想必媳妇也会因此而感动。在以后的日子里，相信媳妇会更加尊重和爱护婆婆的。这样，婆媳之间相处和睦了，整个家庭也会因此而祥和美好，婆媳之间相处，给媳妇的几点忠告：

首先，即便婆婆在别人面前说媳妇坏话，媳妇也不能在别人面前去说婆婆坏话，这是作为媳妇最起码的素质和修养，有问题可以试着协商和沟通，说坏话只会激发矛盾。

其次，婆婆说难听的话，当作没听到。其实，在婚姻的世界里，最主要的还是和老公的感情和幸福，只要你们夫妻之间感情好，生活幸福，又何必去在乎婆婆那点难听的话呢，为了自己的幸福生活，眼不见心不烦，耳不听不生气，即便听见了也装作没听见，让她爱怎么说就怎么说去。

再次，对婆婆要尊重。不管她怎么对你，毕竟人家是长辈。在同婆婆相处的过程中，保持一点距离，多一份尊重就行了。

都说家家有本难念的经，最让人头疼的就是婆媳经了，在对待婆婆的问题上，每个媳妇都心有余悸，不管是平时说话做事，还是与婆婆交流，都要小心谨慎，仔细地分析，有时候还要听弦外之音，否则就无法领会婆婆的真正用意，到时候即便媳妇再努力，也会将事情办得更加糟糕，也因此惹得婆婆生气，说不定还得挨一顿训。所以，媳妇也要有记性，平时说话小心谨慎，不要踩到婆婆的雷区。

第二章 婆媳关系，是两个女人必经的修行

　　婆媳之间难相处、矛盾多，追根究底无非"执著"二字惹的祸。婆婆觉得娶了媳妇，就应该受到媳妇的尊重和孝顺，而且，媳妇就应该有个媳妇的样子，做饭、家务得样样精通，还要懂得持家过日子。媳妇认为，我嫁进来不是来当保姆的，也不是任由婆婆支配的，这日子还得由我和你的儿子过，你无非就是帮我带带孩子、做做家务。殊不知，正因为这种自私的执著心理，造就了婆媳之间千百年来的争斗，其实，婆媳关系，应该是两个女人必经的修行。

婆婆有话讲

儿子可以随便批，媳妇还需慢慢管

"他是我的儿子，我辛辛苦苦将他拉扯大，我爱怎么教训就怎么教训！不管怎么说，我都是他亲妈，难道他会因为我说他两句就不认我吗？但是媳妇就不一样了，她终究是别人家的，要管也得慢慢管，得讲究方式方法！"或许，大多数婆婆都会有这种想法。的确，儿子是自己亲生的，什么做得不对了，可以随便地批评，但是，媳妇就不同了，媳妇毕竟刚开始和婆婆生活，环境、家庭教育的不同，让彼此有很多的摩擦，做婆婆的不仅要耐心地指导，更不能因为一点小事就大加批评，在管教的时候更要掌握方式方法，拿捏好一个度，相信这样一来，婆媳相处就会容易得多，也会避免许多矛盾和战争。

做婆婆的，几乎都觉得自己的儿子是最好的，但是偏偏娶的媳妇就差强人意。媳妇的到来，往往让婆婆觉得媳妇成了儿子的拖累，在婆婆看来，媳妇似乎没有一点优点，人懒不说，又笨手笨脚地不会做家务、做饭，而且花钱大手大脚，最让自己受不了的是，媳妇三天两头地给儿子出坏主意，什么辞职经商啊、拿钱炒股啊，总之，就不知道踏踏实实地过日子，这当婆婆的，看在眼里，气在心里，表面上还不能直接批评媳妇，只能逮着儿子好好教训一番。

为了避开媳妇，婆婆好不容易找了一个机会，单独和儿子聊聊，婆婆说："儿子啊，你看你现在成什么样子了，娶的媳妇没有一点好不说，就连你现在也不听妈妈的话了，所有的事情都是媳妇说了算，作为大老爷们，你怎么能被媳妇管住呢？你以后这日子还怎么过啊？你可得好好管一下媳妇，不能再惯着她啊，不管她就反天呢！"儿子听了妈妈的话，只能拼命地点头，并保证以后一定注意、一定管教。但是，当他真正面对媳妇的时候，却又是另一番景象，毕竟和他一起要走过下半辈子的是眼前的媳妇，他又怎么舍得让媳妇受委屈呢？一边是妈，一边是媳妇，他只能两边都做好人，自己受气忍着就是了。

　　李强的妈妈是位退休老师，平时对李强各方面要求都很严格，所以，就连媳妇都是李妈自己挑选的。李妈对儿子的事情那可真是亲力亲为，大到上大学选专业、找工作，小到上班穿什么衣服、鞋子和袜子，都是她做主，当然，媳妇进了门，还是婆婆说了算。

　　但是自从媳妇进门之后，李妈就有点后悔了，她觉得媳妇哪样都好，就是花钱没有节制，成天打扮得妖里妖气的，涂脂抹粉不说，更加要命的是，眼睫毛粘假的，眼线画得跟鬼似的，怎么就没有当时相亲时候的那般清纯样子呢？为此，李妈曾多次委婉地告诫媳妇，既然做了媳妇，就应该有个样子，女人化妆是完全可以的，但最好是清淡的，或者是时下流行的裸妆，多漂亮，何必化得那么浓艳呢？但媳妇总是不以为然，说："妈，这都啥年代了，还管这些，我平时也就喜欢化妆玩玩，您就别管了！"媳妇根本没有听进去李妈的话，依旧我行我素。

　　李妈实在受不了了，就把儿子叫到跟前："李强啊，妈妈告诉你，你这媳妇成天化浓妆，这不明摆着不守妇道吗？是不是每天出去勾三搭四的，哎，也怪我当初看走了眼，你可得盯着点，不要到时候落个鸡飞蛋打！"李强觉得妈妈有点大惊小怪了，但是他从来对妈妈的话都是言听计从，不敢有丝毫的违抗。

于是，他就到媳妇跟前说："以后不要化浓妆了，妈不喜欢，我也不喜欢！""到底是你妈不喜欢还是你不喜欢，我看是你妈又在你面前说我坏话了吧？真是的，她咋就这么爱管闲事呢？"媳妇气不打一处来。当然，对于李强的话，她也不会遵从，主要还是因为婆婆爱管闲事，媳妇心想，既然你爱管就管去吧，反正我懒得理你。

就这样，婆媳之间越看越不顺眼，经常因为一些小事情闹得很僵。而最难受的是李强，他两边都不敢得罪，只能忍受着，这样的日子何时是个头啊。他每天都为媳妇和妈妈的事情头疼不已，每次面对家里的这些矛盾，他都后悔当初为什么就选择了结婚，不结婚多好，一个人倒还自在。

其实，对于大多数的婆婆而言，尽管媳妇儿子手心手背都是肉，但毕竟还是有区别的，自己的儿子终究是自己亲生的，怎么看都顺眼，怎么看都觉得心疼。但是媳妇就不一样了，媳妇永远是外人，即便她和儿子成家了，但是，终究不是自己亲生的，又岂能容忍她我行我素，不把婆婆放在眼里。而且，对于爱管闲事的婆婆而言，她平时凡事都亲力亲为，不管她心里闹得慌，她忍不住，她经常会将管儿子的一套用在媳妇身上，对于儿子而言，或许已经习惯了妈妈的管教，觉得理所当然，但是媳妇就不一样了，媳妇或许以前也受自己父母的管教，但是她结婚了之后，就应该有属于自己的独立的生活，按理说，管自己的应该是老公，而非婆婆。

再说婆婆总喜欢干涉自己的隐私，自己和老公之间屁大点事情，她也要过问，真的是受不了了，所以，婆婆自然也成了媳妇眼里的"恶婆婆"，甚至是"老巫婆"。而且，媳妇觉得还是自己的亲妈好，长此以往，对婆婆的怨念及厌恶之情越积越深，终究有一天就会一下子爆发出来，到时，殃及的就是整个家庭。所以说，婆媳相处，要讲究方式，讲究一种艺术，婆婆不能过多地干涉媳妇的自由，每个人都有自己的生活方式和处世之道，即便有些事情在婆婆看来很不顺眼，但是，也不能将自己的意愿强加在媳妇身上，毕竟媳妇也有媳妇的权利，她有权利去做自己喜欢的事情。

站在婆婆的角度来看，既然进了夫家的门，就应该有个媳妇的样子，遵守夫家的规矩，但这毕竟只是一厢情愿，要想媳妇听你的话，首先是你得对她好，她念你的好了，自然就会对你好的，再加上慢慢地彼此熟悉了，那么，一家人的观念就会慢慢形成了。

以前的儿子自己管，现在的儿子媳妇管

都说儿大不由娘，尤其是娶了媳妇就忘了娘，没娶媳妇的时候，儿子都听娘的，娶了媳妇儿子就听媳妇的。每个做妈妈的面对这种情况，她心里除了失落、伤心、悲哀，更多的或许就是恼怒和气愤，当然，

　　她心中也充满了怨恨，恨媳妇的到来打破了家里原有的平静，也坏了家里的规矩；媳妇的到来，让儿子和自己变得疏远了，再也没有以前那种儿子以自己为中心，所有的事情都听自己的情景了。如今，他成了媳妇最忠实的奴仆，一切都以媳妇为中心，哪怕媳妇要天上的星星，他也会毫不犹豫地去摘，而做妈妈的，却只有伤心的份！

　　当妈妈的看见自己的儿子娶了媳妇，总算是了却了一桩心愿，她也希望看见儿子幸福快乐地生活，找到真正属于他的白雪公主。可是，每当妈妈看见儿子成天围着媳妇转，媳妇说一他不敢二，媳妇要什么他给什么，甚至媳妇耍性子、闹脾气他处处谦让、处处容忍，不仅不生气，还低声下气地去哄媳妇开心，今天买件衣服，明天买件首饰。可是，以前儿子哪里这样对待过自己呢？每当这个时候，她都心如刀绞，想想以前没有媳妇的时候，儿子可以以自己为中心，有好吃的留给自己，漂亮衣服也想着法子给自己买，虽然她每次都说不要乱花钱，但是，心里可乐着呢。她觉得儿子很孝顺，知道体贴疼爱妈妈。

　　但是，自从家里来了这个小女人，儿子就变了，变得再也不听妈妈的话了，甚至会因为一些和媳妇之间的小事情而顶撞妈妈，他总是站在媳妇身边，媳妇的话就是圣旨，媳妇就是慈禧老太后，而自己就是一个老妈子、一个丫鬟，只负责伺候他们……这种巨大的落差感，让婆婆心里不仅充满了悲哀，而且充满了怒气和怨气，所以，她越看媳妇越觉得不顺眼，越想越觉得媳妇是那样的不堪和讨厌，当然，平时说话做事，也就带着怨气和怒气，哪怕和媳妇之间发生一点小小的事情，也会燃起战争的火焰。

　　董倩和张睿青自从大学恋爱直到毕业后一起步入婚姻殿堂，不仅是大家眼中的金童玉女，天造地设的一对，而且，感情一直很好，张睿青一直都很疼爱董倩，结了婚自然不必多说。然而，张睿青从小就失去了父亲，是妈妈一个人将他辛辛苦苦拉扯大，并且供他上了大学，所以，张睿青对于妈妈从心底里敬佩并且充满感激，所以他事事都听妈妈的，而且非常孝顺妈妈。

但是结婚后，董倩和婆婆的关系相处得并不好，尽管两个人目前还没有打闹过一次，但是，张睿青心里明白，这完全是婆媳之间大战来临前最平静的时候，他敢肯定，总有一天两个人会爆发出来，之后，想必家再也没有宁日了。这也是张睿青最为担心的一件事，其实，作为儿子和老公，他又何尝不希望媳妇和妈妈和睦相处，一家人和和美美地过日子呢？

其实，董倩和婆婆之间积怨已深，主要的原因是婆婆根本就打心眼儿里不喜欢董倩，因为她觉得董倩来自农村，家庭条件又差，总觉得董倩配不上自己的儿子，但是，儿子喜欢她，而且爱得死去活来。记得儿子第一次带董倩来家里，婆婆就没有给董倩好脸色，而且背着儿子和董倩谈过几次，董倩因为架不住婆婆的死缠烂打，决定和张睿青分手，但是张睿青因此而绝食，最终，婆婆抵不过儿子寻死觅活的行为，最终勉强同意了董倩和儿子的婚事。

董倩从此也对婆婆心存怨言，而且打心眼儿里恨婆婆，因为就是她，差点让自己多年来的感情无法善终，想到自己当初受的委屈和痛苦，董倩恨不得和婆婆大吵一架，所以，自从她进入婆家之后，自然不把婆婆当回事，而且在张睿青面前，也经常嫌弃婆婆，说别人的婆婆如何好，自己的婆婆如何不好。同样，张睿青在妈妈面前，听到最多的

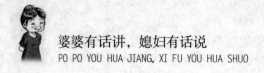

也是对董倩的不满和怨气，所以，张睿青觉得，婆媳之间终究会越闹越僵，一场大战势必爆发。

故事中的婆媳二人，因为好多事情，积怨已深，想完全化解的确并非易事，但是，平时若要相处好也非难事，主要就看双方怎么看待和如何做了。其实，婆媳之间相处，两个人都应该站在对方的立场上想一想，就像张睿青的妈妈，关心儿子的婚姻大事，是每一位做妈妈的责任，无论她做了什么都值得理解，毕竟没有一个妈妈存有害儿子的心，但是站在媳妇董倩的立场上，她和张睿青好多年的感情，怎么就能因为婆婆一句话或者婆婆的意愿而毁于一旦呢？她肯定不甘心，肯定心存怨言，所以，她结婚后对婆婆的怨恨也不难理解。

可是，既然她最终还是和自己心爱的人走在了一起，那么，她就应该放下心中对婆婆的怨恨，试着去站在婆婆的立场上考虑问题，试着去尊重婆婆，去关心爱护婆婆，毕竟婆婆是老公的妈妈，是她辛辛苦苦将张睿青拉扯大，让他如此优秀的；而不是一味心怀对婆婆的怨恨，无法放下以前的不快，这样，婆媳之间自然不会和睦相处，家庭又何来幸福呢？而且，长此以往，也会影响到自己和老公的关系。所以，以下是几点针对董倩和她婆婆的建议：

（1）作为婆婆，即便以前如何地看不起媳妇、讨厌媳妇，但是，也应该尊重儿子的选择，为了儿子，也应该试着改变对媳妇的看法，去想方设法地寻找媳妇身上的优点，想一想媳妇的好，或许，自己会发现，原来这个媳妇还不错，并不像自己以前以为的那么不堪，这样，心理也会平衡点，而且，慢慢地也会化解婆媳之间的恩怨。

（2）作为媳妇，应该试着放下以前那些不开心的事情，试着想想婆婆的好，懂得感恩，毕竟是婆婆给了自己优秀的老公，就算婆婆曾经看不起自己，但自己最终还是和心爱的人走在了一起，还不是因为婆婆接受了自己？那么，既然生活在了一起，就应该凡事往好的方面想，试着和婆婆好好地相处，哪怕仅仅是为了自己和老公的感情。

（3）作为儿子，作为丈夫，应该在婆媳之间起到纽带作用，试着通过自己的真诚和真心化解婆媳之间的积怨，不偏不倚，不去娇惯媳妇也不去冷落妈妈，尽量在妈妈面前说媳妇的好，在媳妇面前说妈妈的好，给婆媳之间搭建一座和睦沟通的桥梁，相信随着时间的流逝，那道横亘在婆媳之间的沟壑会因为爱而填平，一家人终究会和美地生活在一起。

相处之道

俗话说：不是一家人，不进一家门。既然结了婚，跟婆婆就是一家人了，婆媳矛盾的出现，往往是因为之前婆婆、媳妇对彼此没有足够的了解造成的，所以说，婆婆要跟媳妇经常沟通，如果不方便的话可以让自己的儿子作为"纽带"，这样，隔阂就会很快消除，家庭也能恢复平静了。

大事擦亮眼，小事装糊涂

人与人之间有许多的关系，但这些关系都比较好处理，唯独这婆媳之间的关系，那可真是"剪不断，理还乱"。婆媳相处，历来就矛盾重重，这种无法缓解的矛盾自古以来代代延续，可谓是愈演愈烈。因此，在现代家庭中，有一部分婆媳之间为了更好地解决这一矛盾，开始寻求各种方法，不管是媳妇还是婆婆，为了家庭和睦、生活幸福，都在寻找这种婆媳之间的友好相处之道。

婆媳本来就没有任何血缘关系，甚至以前根本不认识，但是因为一个男人的关系，一下子成了一家人，而且还要生活在一起，一个还得管另一个叫"妈"。试想一下，如此巨大的改变，对大家彼此的刺激是可想而知的。其实，两个人结婚，将两个毫无关联的家庭硬是牵扯到一起，这样一来，男人也面临着一种极大的转变，他也多出了岳父和丈母娘，但是，相对婆媳而言，女婿和丈母娘的相处时间并不多，所以，彼此之间的矛盾也少，再者，俗话说：丈母娘看女婿，越看越欢喜。何况女婿只要喊"妈"喊得顺溜了，丈母娘心里那肯定高兴着呢，肯定不会为难女婿。

因为婆媳相处的时间往往很长，接触的次数也是数不清的。当媳妇嫁进来，不仅要面对和适应新的环境，而且还要每天喊婆婆"妈"，而婆婆呢，当然也得端着架子，成天为了调教媳妇横挑鼻子竖挑眼，甚至有时候故意出难题刁难媳妇，做媳妇的心里当然不好受了，回想一下自己的亲妈都不曾如此折磨过自己，婆婆算哪根葱啊！越想越来气，越比较越觉得婆婆不可理喻，还是自己的亲妈靠谱。

而作为婆婆的，肯定心里也不痛快，如今儿子娶了媳妇，儿子不仅成天围着媳妇转，而且对媳妇言听计从，对于这个当妈的，哪里这般好过。婆婆心理失衡了，越看媳妇越不顺眼，所以心里谋划着，想法设法地收拾媳妇，参考古今中外调教媳妇的方法，可是，往往收效不大。其实，婆媳相处不仅要讲究方式方法，更要讲究策略，当婆婆的最基本的就是要做到：大事儿擦亮眼，小事儿装糊涂，那么，究竟该如何装糊涂呢？

（1）芝麻绿豆大的小事不必去计较，更不去过问

当婆婆的，大多都喜欢将家里的大事小事都包揽下来，事事亲力亲为，大到家里决策性的决定，小到儿子、媳妇的衣着打扮，其实，对于那些鸡毛蒜皮的小事，没必要那么较真，给儿子和媳妇一点属于他们自己的自由和空间，他们反而会感激婆婆。

（2）关乎原则的事情，绝对不能马虎

其实，在每个家庭中，晚辈终究是晚辈，大多时候想问题、做事情总会欠考虑、欠周到，因此，在家里的一些大事情、大决定面前，做婆婆的一定要把好关，不能任由儿子媳妇随便乱来。

（3）恩威并施，让媳妇记住你的好

其实，每个人都会有一段艰难而需要别人帮助的阶段，拿媳妇而言，她生孩子的阶段就属于最艰难、最需要人帮助的阶段。因此，做婆婆的可以尽量抓住这个机会。大家都清楚，孕妇在特殊时期，经常会出现胃口不好、反胃、挑食、贪睡的状况，这个时候，媳妇心里肯定也希望得到婆婆的帮助，而婆婆呢，刚好可以顺势而上，自觉地承担起照顾媳妇的责任，而且要做到事事仔细，毫无怨言。比如给媳妇换着口味做点好吃的，进行适当的食补，再就是伺候月子的时候，迁就着媳妇，将她伺候舒坦了，媳妇日后肯定会念着婆婆的好，哪怕在婆媳发生矛盾的时候，媳妇也会因为婆婆曾经对自己的关爱和照顾而心怀感激。

张笑和老公是奉子结婚，这种状况让做婆婆的心里多少有点不爽，毕竟他们那里是农村，比较封建保守，但是，既然媳妇已经怀孕了，那她即便心里不爽也得接受啊。张笑的婆婆尽管生活在农村，但是她算得上识大体、顾大局的那种人，所以，张笑的婚礼办得很不错，不仅热闹，而且排场也大，更加让张笑感动的是，婆婆得知自己喜欢鲜花，居然给新房里摆满了各种鲜花，因此张笑从心里感激婆婆，也由衷地希望日后能和婆婆和睦相处。

张笑进门后，就开始安心养胎了，而婆婆也自动承担起了照顾张笑饮食起居的责任，在这一点上婆婆一点都不马虎，她不仅每天保证张笑的三餐，而且充分考虑到营养搭配、荤素搭配，所以，尽管张笑妊娠反应较大，但是在婆婆的悉心照料下，还是安然度过了孕期，并生下一个白白胖胖的儿子，老公和公婆自然欢喜得很。

更加难得的是，婆婆伺候月子也有一手，张笑在婆婆的照料之下，顺利出了月子，就连张笑的亲妈看见张笑的状况，都从内心感激张笑的婆婆，一百个放心地将张笑交给了婆家。而张笑也打内心深处感激婆婆，觉得自己真的幸运，遇到如此通情达理而且懂得疼爱自己的婆婆，所以，平时她也就更加顺从和尊重婆婆，一家人生活过得有滋有味，其乐融融。

但是好景不长，就在张笑进门一年半的时候，婆婆突然中风了，人变得有点痴呆，且行动不便，这可急坏了一家人，不过还好，医生说如果婆婆好好调养，经过悉心照顾有可能会好转。于是张笑平时除了干家务、带孩子之外，就伺候婆婆的饮食起居，闲下来的时候就帮婆婆按摩、擦洗身子，陪婆婆说话。而且遵照医生的话，张笑每天坚持带婆婆出去呼吸新鲜空气、晒太阳。就这样，张笑照顾了婆婆两年，两年后婆婆居然奇迹般地站了起来，而且恢复到了以前的状态。

经过这件事情之后，婆媳之间的感情更进了一步，张笑早已将婆婆当成自己的亲妈一般看待，而婆婆呢，也从内心感激张笑对自己的照顾，所以她逢人就说自己有福气、有造化，娶了一个好媳妇，而张笑也逢人就说，婆婆比自己的亲妈还好呢。

当然，例子中的婆媳算得上当今社会婆媳的典范了，她们之间的故事不仅感人，而且也让好多婆媳羡慕不已。假如所有的婆媳都能像张笑和婆婆一样懂得照顾体贴对方，那么，千百年来一直无休无止的婆媳大战估计也会画上完美的句号。其实，若说她们之间相处得好，还不如说她们婆媳之间都懂得相处之，当婆婆的能在媳妇最需要照顾的时候挺身而出，毫无怨言，足见婆婆对于大小事情的拿捏可以说是恰到好处，而媳妇正因为心怀感恩，所以才能在婆婆病榻跟前悉心照料，最终两个人之间产生了感情，婆媳之间相处自然就轻松容易多了。

相处之道

既然媳妇进了门，那就是一家人了，一家人就应该和睦相处，彼此照顾，如今，媳妇有孕在身，这正是用得着婆婆的时候，婆婆何不顺势做个人情，好好地照顾媳妇，这样儿子心里也高兴，做媳妇的肯定也会心怀感激，这是和媳妇处好关系最重要的一个环节，如果这一阶段将媳妇照顾舒坦了，婆婆又何愁以后得不到媳妇的照顾呢？俗话

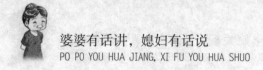

说，好和好是换来的，婆婆应该坚信，只要自己付出真心，哪怕是铁石心肠，终究也会被捂热的。

好婆婆的标准

通常情况下，婆婆在挑选媳妇的时候，会考虑媳妇是否具备优秀的素质，是否能达到十全十美媳妇的标准，是不是五项全能，同样的，媳妇对婆婆也有相应的要求，也希望婆婆能达到十全十美婆婆的标准，具备五项全能的素质。可是，现实生活中，近乎完美的东西太少了，近乎完美的人更加少之又少。所以一般情况下，婆媳双方都能达到十全十美和五项全能的几率几乎是零。

其实，在大多数人心目中，对于完美都有一种近乎痴狂的追求，尤其是在对待婚姻的时候，谁不希望自己寻找的另一半能达到自己心目中的完美呢？女人总会希望嫁给一个完美的男人，而男人也希望找媳妇能找到上得厅堂，下得厨房，貌比西施，能孝顺父母，体贴丈夫，相夫教子，做得一手好菜，家务业务事事通的。当然，做婆婆的，更是希望儿子能找一位好媳妇，这不仅关系到自己和家人以后的幸福生活，也直接影响到子孙后代。而媳妇心目中，也希望能遇到十全十美的好婆婆，那么，究竟具备哪些条件才能算得上十全十美好婆婆呢？

（1）慈祥是次要的，重要的是懂得尊重

每个人都有一种渴望得到尊重的心理，媳妇也不例外，所以，懂得尊重媳妇的独立人格，懂得尊重媳妇的私人空间和个人隐私，这样

的婆婆才会讨媳妇喜欢。

（2）思想开放，能接受新鲜事物

开明的婆婆不仅能够适应时代的发展，而且还可以很快地接受新鲜事物，不迂腐、不传统、不封建，尤其是在现代社会，媳妇一般都受过高等教育，不管是思想还是行为都比较开放，所以，做婆婆的，当然不能按照老传统和封建思想去约束媳妇，尤其是在科学育儿的问题上，更加要注意，这样才能讨得媳妇的欢心。

（3）心地善良，懂得包容，不因小事计较

人与人之间相处，贵在理解，难得的是包容，婆媳相处自然也不例外。因此，做婆婆的不仅要心地善良，而且对于媳妇要懂得包容，对于一些鸡毛蒜皮的小事能不管就不管，能睁一只眼闭一只眼就最好，再说，就那些小事情，媳妇也根本折腾不起大风大浪，何必费力不讨好呢？

（4）能做家务，做饭，带孩子

现今社会，不会做家务、做饭，不想带孩子的婆婆大有人在，所以，媳妇不要求婆婆什么都做，只要适当地为自己分担一下，起码将自己的房间收拾整洁，能在媳妇实在很忙的时候帮着做顿饭、带带孩子，媳妇会从心里感激的。

（5）最好自己有养老金

婆婆有自己的养老金，这样不仅能给儿子媳妇减少一份负担，而且有时候还能贴补下家用。如今，大家压力都大，房贷、车子、孩子都需要钱，两个人在一起，也要适当地浪漫一下，也得要钱，所以，婆婆最好能有自己的养老金，这样的婆婆媳妇更喜欢。

（6）疼爱儿子，也能疼爱孙子和媳妇

天底下没有几个当妈的不疼爱儿子的，也没有几个奶奶不疼爱孙子的，这一点自然不必说，但是能真心疼爱媳妇的，就比较难得。所以，如果你真的爱儿子、爱孙子，那么也试着爱自己的媳妇吧，只要你真心去爱，她一定也能感觉到。

（7）做好晚辈的榜样，首先做一个贤妻，再做良母

婆婆毕竟是长辈，长辈就应该有长辈的样子，尤其是在对待自己老公的时候，千万不能给媳妇造成不良影响，因为婆婆在做，媳妇在看，也会学习。

（8）有属于自己的爱好

当婆婆的老了退休在家，不仅要学会享受生活，更要懂得生活的情趣，因此，有一份属于自己的爱好，会让自己充实起来，免得成天没事找事，惹得媳妇烦。

（9）不重男轻女

重男轻女在祖祖辈辈的心中似乎扎了根，怎么也无法根除，但是，当婆婆的，即便你心里非常希望媳妇能给自己生个孙子，为家里延续香火，传宗接代，但若是媳妇生了女儿，你就不能表现出任何重男轻女的思想了，你要时刻让媳妇明白，即便是孙女，你也视若珍宝。

（10）不在外人面前数落媳妇，更不要说媳妇的坏话

喜欢说闲话的婆婆往往让媳妇讨厌，试想一下，媳妇再不好，到底是自己的媳妇，也是你儿子精挑细选的伴侣，如果嫌弃媳妇，是不是也就说明自己的儿子眼光不好。再说，千万不要在外人面前说媳妇的坏话，俗话说：家丑不可外扬，关起门来怎么都行，出了门就得维护家庭的面子，这样的婆婆才会讨媳妇喜欢。

梁女士是大学教授，退休后闲来无事，和邻居学着打起了麻将，从此就迷恋上了打麻将。自从儿媳妇进了门之后，她更是因为不愁着给家人做饭和做家务，所以每天每夜都围着麻将桌转了。

梁女士的媳妇是一家公司的职员，平时工作任务量大，只有周末一天的休息时间，所以，每当周末的时候，媳妇总是无法很好地休息，因为家里总是乱乱的，婆婆也不收拾，衣服也不洗，她每周都有没完没了的家务要做，这样持续了几个月后，媳妇心有怨言，也对婆婆梁女士颇有微词。面对婆婆成天围着麻将桌转的状况，媳妇越来越看不惯，所以平时言语之间也没有给婆婆好话听，婆婆呢，却依然我行我素。终于有一天，媳妇实在受不了了，一气之下在外面租了房子搬出去住了，而婆媳关系从此也彻底破裂了。

其实，故事中的梁女士，按理说应该属于高级知识分子，应该懂得婆媳相处之，但是，她却无意中沉迷于麻将，不仅不为媳妇分担一点家务，而且自己都无法给晚辈树立一个好的榜样，这又如何能在媳妇心目中树立威信呢？媳妇不鄙视她才怪！她不仅和媳妇眼中所谓的十全十美婆婆相差甚远，甚至连五项全能中的一项都无法达到，媳妇自然不会给她好脸色，长期相处下去又如何能维持呢？估计趁早散伙大家都落得清闲，也是最好的选择。

人无完人，所以说，做婆婆的你，也不要将自己整得这么累，跟

媳妇相处你应该让她意识到你帮她完全是出于做长辈的情分，而不是义务。当媳妇明白了这一点，那么，她就会对你心怀感恩的。

媳妇有话说

过了门，小脾气就该收敛了

婆婆媳妇相处得再好，感情再深，那也只是因为一个男人而牵扯到一起的毫无血缘关系的一家人，相比血浓于水的亲情，终究显得苍白无力。说白了，这种关系仅仅依存于一段婚姻，婚姻存在着，婆媳关系存在，婚姻没有了，那婆媳关系也就没有了。所以，婆婆毕竟不是亲妈，在相处的过程中，还是不能像在自己亲妈面前一样，不要动不动就使小性子、发脾气，这些还是少犯为妙。

这年头，谁还没有几分脾气，哪个女人不会撒撒娇、耍耍小性子？但是，不管发脾气、耍小性子还是撒娇，都要懂得选择场合、对象。就拿女儿而言吧，在自己爸妈面前，撒个娇，要个小性子，做父母的顶多一笑了之，而且还在心里觉得自己的女儿可爱呢。同样，当妻子的，在自己的老公面前撒个娇，要个小性子，也是无伤大雅的，即便两个人生气闹矛盾、吵架，但是，即便闹得再凶，还是会遵循夫妻床头吵架床尾和的规律，两个人和好之后还是恩爱如初。

但是，婆媳之间就不一样了，媳妇在婆婆面前要性子、闹脾气，那就不仅仅是耍性子、闹脾气了，动辄就会被冠以不懂事、不尊重长辈、没心没肺等诸多头衔，婆婆不会觉得你耍性子、撒娇是可爱，反而会觉得你没有教养、不知轻重。而且，当婆婆的也必定不会因此而哄你、逗你开心，人家只会在心里对你有另一种看法和想法，说不准这种想法和看法还会上纲上线，牵扯到你自己娘家的亲妈，因为，做女儿的在婆家不贤淑、任性、骄纵，归根结底都是因为家教有问题，而你的父母就是始作俑者。

张梅从小就被父母娇惯，脾气大、性子急，在娘家的时候撒娇、耍脾气是家常便饭，反正每次她一撒娇，总会得到自己想要的东西。但是，到了婆家就不一样了，她平时比较懒散，婆婆又总爱唠叨，但是张梅自小哪里受过这等待遇，她心里当然堵得慌。

刚开始和婆婆相处，她也是为了一家人能够和和美美地生活，所以就尽量忍着不说，但是，有一天中午，她刚从外面回来，就听见婆婆扯着嗓子大喊："我这么大年纪了，还真没见过这么懒的媳妇，自己的袜子都懒得洗，攒了一大堆，都发霉了！真是受不了，咋就娶了这么个懒虫！"

婆婆本来是在收拾家务的时候因为看见张梅堆了一大堆的臭袜子没洗，气得随口骂骂，而且婆婆知道张梅不在家，不然她也不会这么大声叫骂。但是凑巧的是，张梅刚好回家听到了，听到这些话，张梅肯定不高兴，当时，她的脾气腾地一下了上来了，顾不得放下手提包，冲到婆婆面前，三下五除二捡起一大把袜子，找了一个塑料袋狠劲儿地塞进去，丢到了垃圾箱，而后气冲冲地回到了自己的房间，丢下婆婆在那里发呆。

以上故事的发展，其结果一般有两个，其一，婆婆看到媳妇回屋，再没有吭声，媳妇也只是生生闷气，日子照样该怎么过就怎么过；其二，婆婆看到媳妇的样子和做法，觉得媳妇简直是太过分，忍无可忍，又一顿破口大骂，媳妇也觉得婆婆就因为这点小事不至于，所以也开始大吵，一场婆媳之战愈演愈烈。当然，这只是推测，其实，故事最后的结局就是，媳妇最终在老公的劝说下，向婆婆低头认了错，并发誓以后痛改前非，以勤劳节约为行为准则，婆婆当然也没有其他异议。

当然，故事的结局能如此完美实属难得，张梅和婆婆这一场战争因为老公的调解最终息事宁人，但是，她们的故事或多或少能让我们从中得到一点启示，或许，我们可以以此为鉴，学一些处理好婆媳关系的技巧。婆媳之间有不快，或者即将触发战争的时候，可以依照以下做法，或许能让腾起的怒火平息。

（1）不要破口大骂，这样只会火上浇油

婆媳之间发生不快的时候，多试着用忍耐和宽容去化解怨气和怒气，千万不要因为对方破口大骂就针锋相对，比谁骂得更彻底，比谁骂得更有水准，这样只会让婆媳关系更糟糕，而且，也会引来别人的笑话。

（2）暂时避开对方，等双方都冷静下来再谈

怒火燃烧的时刻，谁都无法真正做到冷静，冲动是魔鬼，一旦放任其自由发展，后果将无法预料。因此，婆媳之间出现矛盾的时候，如果能化解、平息，那自然最好，但是如果万一无法化解，那就试着先暂时避开对方，找一个地方让双方都冷静下来，而后筹划着该如何好好谈谈，沟通一下，再也不要无谓地争吵，俗话说：清官难断家务事。

吵架是吵不出任何结果的，只会令关系更加糟糕。

（3）不要逞一时之快，说出一些过分的话

怒气冲天的时候难免口不择言，但是，口不择言的后果却是要付出惨重的代价，往往因为一些过分的话，或者不经过大脑考虑和沉淀的语言，会将一件本来很好解决的事情变成一道难题，也会让不太激烈的矛盾变得无法化解。所以，婆媳之间即便争吵，也不要说一些过分的话，可以去就事论事，可以去据理力争，但是，不能说不该说的话千万别说，不要踩对方的雷区。

（4）尽量试着深呼吸，将怒火压到最低点

深呼吸可以让跌宕起伏的情绪暂时得到控制，深呼吸的同时可以让自己腾出一点时间去冷静地思考，也可以将怒火压制到最低点。婆媳之间，不管是婆婆还是媳妇，面对的本身就是一个天生就无法和平相处的人，所以，更要抑制住自己的怒火，千万不能助长火势，因为这把火不仅会烧了对方，也会烧到自己，更会伤及无辜的家人。

俗话说：家和万事兴。为了一家人的幸福，一定要尽量和婆婆处好关系，其他的事情你做得再好，如果婆媳关系相处不好，那么，家庭也不会和睦。当然，和婆婆相处好了，老公也会因此而开心，更加疼爱自己，因为没有男人喜欢夹在老婆老妈中间无法做人。把婆婆哄好了，也有很多实际的好处，比如，帮自己做做饭、带带孩子、收收拾拾卫生，还有，别人说起来也脸上有光。所以，聪明的媳妇，最懂

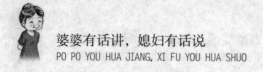
得讨婆婆欢心。

想取悦婆婆，先从她身边的人"下手"

自古婆婆都很难搞定媳妇，媳妇当然也很难搞定婆婆，那么，既然彼此无法搞定，那就换一种方式，其实，就拿媳妇而言，可以试着通过搞定婆婆身边的所有人，从而达到搞定婆婆的目的。试想，当有一天，婆婆身边的所有人都站在媳妇一边，愿意为媳妇说话的时候，想必做婆婆的无论如何也不会站在对立面和媳妇针锋相对了，因为，婆婆也不是傻瓜，犯不着为了媳妇而将身边的所有人都得罪完吧！

懂得如何和婆婆相处，并且能很好地相处，势必是对媳妇最大的考验，作为媳妇十有八九都无法和婆婆很好地相处，她们为此也烦闷不已。于是，有些聪明的媳妇就试着变换方式，既然无法直接搞定婆婆，那就从婆婆身边的人入手，只要顺利将婆婆身边的人搞定了，那么，婆婆自然而然也就间接被搞定了。那么，究竟如何做才算搞定了婆婆身边的人呢？

（1）先搞定自己的老公

在婆婆眼中，儿子是自己的骄傲，是自己掌心里的宝，所以，儿子在她心目中的地位肯定无人能比。所以，做媳妇的要搞定婆婆，首先必须要搞定自己的老公，让老公站在自己一边，并且让老公从内心深处相信，自己是真心对婆婆好，真心为婆婆着想，真心拿婆婆当亲妈，这样，老公就会站在自己身边，在婆婆面前为自己说好话。即便偶尔和婆婆发生点矛盾，老公也不会因此而疏远自己，更不会站在婆婆一边和自己针锋相对。

（2）搞定公公

相对于婆婆而言，搞定公公要显得容易得多，因为公公毕竟是男人，心胸比较宽阔，不会和媳妇去计较。那么，究竟如何搞定公公呢？从衣食住行方面对公公表示关心和照顾，投其所好给公公送几件衣服，做些好吃的；另外，可以针对公公的喜好，如果公公喜欢下棋，不妨送好的棋给他。其实，每个人都希望得到别人的尊重，公公也一样，做媳妇的能尊重公公，这一点很重要，对于一些事情，适当地征求下公公的意见，这样显得媳妇很在乎公公的想法，他肯定会打心眼儿里开心，如果顺利搞定了公公，那么就不怕公公不在婆婆面前替自己说好话了！

（3）搞定婆婆身边其他亲近的人

要搞定婆婆，就应该对婆婆身边其他亲近的人多加注意，比如婆婆其他的子女、好朋友、邻居等，平时可以有意识地去了解他们的一些喜好、脾气等，掌握好每一次机会，和他们套套近乎、拉拉关系，尽量让他们觉得自己是一个很不错的人，识大体、懂道理，为人处世、待人接物都比较妥当，这样，他们自然在婆婆面前不会说你的坏话，而且，即便你有什么不对的地方，他们也会念着你往日的好，不会太过于计较，即便婆婆对你有所不满，他们也会站在你这边，为你说好话。

梅西不仅长得漂亮，平时待人接物也绝对有自己的一套，但是，结婚后，她遇到了个刁钻古怪的婆婆。

自打梅西进门之后，每天都小心翼翼地和婆婆相处，生怕说错一句话，做错一件事，但是，婆婆一直瞧不起梅西是农村出来的，瞧不起梅西在农村务农的父母。另外，梅西生了女孩，婆婆一直对于梅西没有为她生个大胖孙子而耿耿于怀。而且，更加让梅西受不了的是，婆婆对于任何事都吹毛求疵，比方说梅西给她端水之前一定要洗手，不然她就会说梅西是农村的，不讲究个人卫生，不尊重长辈，而且，只要是在没有外人的时候，婆婆就会换一种态度对待梅西，梅西一个人不仅要带孩子、做家务、做饭，还要伺候婆婆，有时候实在忙得没办法了，忍不住喊婆婆帮忙，但是婆婆就会说："你还出生在农村呢，怎么就那么娇气，这点家务都干不了。"还有，婆婆一般都会在梅西的丈夫面前表现得很勤快，每次他下班的时候，都会看到婆婆又是拖地板，又是做饭炒菜、洗尿布，累得满头大汗、腰酸背痛，相反，梅西的丈夫就会觉得梅西在偷懒，她的这种做法，不仅让梅西在邻居和亲戚的心目中留下了极坏的印象，更加严重地影响到了梅西和丈夫的感情。

有一次，梅西给孩子洗澡，脱了衣服才发觉水凉了点，要婆婆帮她舀一点热水，婆婆极不情愿地倒了一瓢水，从高处直接淋到了盆子里，地上溅了好多，孩子也被吓哭了，梅西情急之下说："你发的哪门子神经啊！"结果，婆婆摔门就跑了出去。过了几分钟，邻居来了，说婆婆坐在小区花园的石凳子上哭得很厉害，说自己不想活了，其他的问什么都不说，是不是跟媳妇吵架了。梅西很生气，于是抱着孩子去找婆婆，结果看到好多人围着婆婆正劝说，看到梅西过去，好几个老太太都直接教训梅西，说做媳妇的不能太过分，好歹也是自己的婆婆，就不能尊重点，而且还说，做媳妇的总有一天都会老的。梅西知道是婆婆在制造众怒，让她丢人，于是掉头就走了，晚上老公回来，梅西正在哄孩子睡觉，他一把拉起梅西，质问梅西他妈妈呢？梅西说："不会丢的，很多人保护着呢。"结果，梅西的脸上狠狠地挨了一巴掌。之后，梅西在邻居面前也抬不起头来，而且，老公对她的感情也越来越淡，最终，两个人结束了两年的婚姻生活，离婚了！

其实，现实生活中，夫妻双方因为婆媳关系而终结婚姻的不在少数，就像梅西和婆婆一样，刚开始因为一些小事情，之后积怨越来越深，加上婆婆那么工于心计，最终，再好的感情，再完美的生活，也会因此而破裂，变得支离破碎。婆媳关系是维系家庭感情的最主要因素，所以，每一位媳妇、婆婆，为了家庭和睦，应该懂得婆媳相处之道，而做媳妇的，更要懂得搞定婆婆是一件极为重要的事情。当然，就像故事中的梅西，如果她能搞定婆婆，或者搞定婆婆身边的人，比方老公、邻居，或许最后的结局会是另一种情况。

婆媳相处有很多门道和技巧，懂得其中门道和技巧的双方，必定会让家庭幸福、生活美满和谐，而不懂得其中门道和技巧的双方，必定会让整个家庭鸡犬不宁、硝烟滚滚。然而，做媳妇的不仅要懂得婆媳相处的门道和技巧，更要搞定婆婆，还有婆婆身边的所有人，只要能做到这一点，那么又何愁婆媳无法很好地相处呢？

人前只道婆婆好，传进耳朵也不怕

做媳妇的，任何时候、任何情况、任何场景下，都不要说婆婆的坏话，尽量挑好听的说，即便不好听的也换个方式、换种说法，说得好听点，俗话说：良言一句三冬暖。只要说了好听的，即便传进婆婆的耳朵，那也是一件好事，不仅会增进婆媳之间的感情，也会让婆婆从心里喜欢你。

没有几个人愿意听别人说自己的坏话吧！婆媳之间相处，更应该懂得说话的分寸和方式方法。然而，在现实生活中，婆媳之间不仅存在着一定的年龄界限，而且，生活方式、习惯都不一样，这样就让她们之间存在着太多的分歧，这也是矛盾的根源之一。另外，每个人都有自己的个性特征，有的婆婆比较爱计较，有的婆婆比较强势，有的爱钻牛角尖，有的爱挑剔，有的比较婆婆妈妈……总之，媳妇们要针对不同的婆婆去寻找相处的方法，也就是所谓的：知己知彼，百战百胜。

我们经常会听到一些关于媳妇说婆婆，或者婆婆说媳妇的话，比如有的媳妇会向别人诉说婆婆的种种不足，小气计较、婆婆妈妈、厨艺不佳、偏袒儿子等，在她们眼中，婆婆就是十恶不赦的大恶人，自己就是善良可怜的小羔羊，其实，说这些话的媳妇，无非也就是将心里的闷气发泄一下，或许也只是随便聊聊而已，但是，听话的人却不会这么想了，在他们看来，媳妇心目中的婆婆自然成了十恶不赦的老巫婆，媳妇值得同情，可是，也有人会觉得，媳妇说的未必是实话，或许只是为了恶意诋毁婆婆。而且，这些话说不准就会被别有用心的人说给婆婆听，甚至会加油添醋地说更多难听的话。这样一来，谁也不敢担保，假如她们的婆婆听到这些话后，还会待她们如前。

啸月自打和老公结婚以后，就安心做了家庭主妇，平时在家无非就是做点家务、带带孩子，闲的时候去健健身、学学插花、陪婆婆聊聊天，生活比较安逸，也没有什么压力，而且，老公赚的钱，足够她随意挥霍了。

然而，随着时间的流逝，啸月越来越觉得这样的生活太过无聊，感觉自己越来越脱离社会，尤其是和老公之间，已经明显存在着差距了，所以，啸月准备找一份工作，她不求赚多少钱，只想给自己找一份活儿干，让自己不至于闲着无聊。这件事她首先和老公商量了下，之后也征求了公婆的意见，公公自然尊重媳妇的选择，但是，婆婆却有点不愿意，她觉得啸月完全用不着出去赚钱，因为自己老公和儿子赚的钱足够他们一家人富足地生活几辈子了，她觉得啸月是身在福中不知福，有多少人想待在家里做少奶奶还没有这个条件，啸月反而要放弃这么好的生活，去外面抛头露面，所以心里很不爽，但是她最终还是没有拗过啸月。

这件事情之后，婆媳之间闹得不是那么愉快，啸月也在内心深处对婆婆颇有怨言，她觉得自己完全可以依据自己内心最真实的需要去安排自己的生活，她不想成天待在家里无所事事，最重要的是，她不想被社会所淘汰，她要通过工作去实现自己的价值。所以，有一次老公的远房表妹找啸月玩，啸月无意间说了自己心中对婆婆的不满，当时她也只是说说而已，并没有其他的意思，凑巧的是，这位远房表妹自小就和啸月的老公一起长大，一直盼望着能嫁给啸月的老公，一步迈入豪门，但是，最终啸月进门当了女主人，她心里肯定怀有怨言，而且她本来就爱挑是非，所以啸月说的这些话很快就传到了婆婆耳中，并且又多出了许多难听的话。这样一来，婆婆自然不愿意了，她平时对啸月就比较严格，制定了好多规矩，这下听到啸月公然说自己的坏话，而且说得那么难听，她自然不肯善罢甘休了，于是，婆婆将那些难听的话悉数告诉了儿子，儿子自然不愿意看到自己的妈妈受委屈，所以回家后就扇了啸月耳光，而啸月也一气之下去了闺蜜那里，暂时不想回家了。

就这样，原本好好的家庭，就因为几句无关紧要的闲话，再加上别有用心的人的几句添油加醋，矛盾就无法避免地出现了，之后的结果如何，或许大家都能猜到几分。或许一段时间后啸月和婆婆会和好，但是，她们各自的心里就没有疙瘩吗？我想，许多人都无法真正做到大度吧，尤其是婆媳之间，而且啸月和老公的关系也因此而变得糟糕起来，真的是仇者快，亲者痛，或许那样的状况本身就是啸月老公的远房表妹最愿意看见的呢。

其实，婆媳相处时，做媳妇的要特别注意平时的一言一行，尤其是针对婆婆的只言片语，稍有不慎或许就会破坏婆媳关系，使一家人都陷入困境之中。所以，只要是在面对别人的时候，尽量记得说婆婆的好话，即便是心里对婆婆有一千个一万个不满，也不能直接表现出来，好的话可以尽情地去说，多说也无妨，但是，不好的话切记一句都不要说，不管面对任何人，不该说的都不能说。

　　做媳妇的不仅要能够洞悉婆婆的心思，按其喜好进行适当地讨好行动，更重要的是，要懂得说话的艺术。还有一点，在别人面前，说到婆婆的话，尽量挑好听的说，哪怕你在心中对婆婆有多少怨言，有多少不满，都不能直接表现出来，只要能想起婆婆的哪怕一点点好，也要说出她十一分的好，即便自己有十分的好，也要尽量说自己的不好。这样，即便是听的人，也会觉得做媳妇的不仅为人谦和，而且懂得孝顺、尊敬婆婆，传进婆婆耳中的话，自然也不会太过离谱，而做婆婆的，也许也会因媳妇的几句好话而改变对媳妇的态度，可以协调婆媳之间的关系。

花钱要仔细，尤其是在婆婆面前

　　婆媳之战由来已久，千百年来历久不衰，而且，到了现代有愈演愈烈的趋势，婆媳关系也是众多身处婚姻城堡内的媳妇所面临的一大挑战，婆媳经也是每一位媳妇所必修的课程之一，那么，究竟怎样才能修好婆媳经呢？不管是古代还是现代，有许多值得借鉴的经验之谈，也有许多值得引以为戒的具体事例，因此，不管是婆婆还是媳妇，都应该用心钻研、好好修炼。当然，同婆婆相处，需要注意和学习的地方很多，其中就有一条，那就是，婆婆面前，宁做给钱的，千万不要

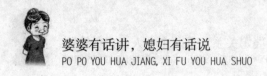
做花钱的。

钱是个很现实的东西，可以说人在社会中没有钱的话，根本无法生存，钱不仅维系着我们的生活，更决定着我们每一个人的社会地位、生存环境、生活条件等等。都说爱情是唯美浪漫的，两个人花前月下、山盟海誓，而婚姻展现的却是现实的一面。所以，许多美好的爱情一旦踏入婚姻的城堡，总会显得有点苍白和憔悴，许多感情在现实面前也变得不堪一击。婚姻更加致命的伤害，不仅如此，还包括婆媳关系，尽管说婚姻无非就是两个人分分合合一起过日子的事情，酸甜苦辣自己心知，和别人无关，但其实是错的，婚姻绝对和别人有关，不仅是两个家庭的联姻，更是关系到家庭中的每一位成员，而关系最大也最复杂的莫过于婆媳关系。

因此，作为媳妇，进了夫家的门，就要学会和婆婆好好相处，只有婆媳关系好了，家庭才能和睦，生活才会其乐融融，那么，在婆婆面前，做媳妇的如何做，才算是宁做给钱的，不做花钱的呢？

（1）不要大手大脚地花钱

或许大多数做婆婆的都懂得勤俭节约，即便花钱大方的婆婆，也不希望自己的媳妇花钱大手大脚没有节制。大家都清楚，如今的社会，生存压力大，赚钱不容易，所以，没有当妈的愿意看见自己的儿子成天辛苦工作，媳妇却任意挥霍，哪怕媳妇也赚钱，甚至比自己的儿子赚得还多。所以，做媳妇的一定不能在婆婆面前表现出大手大脚花钱的样子，试着学会节俭，婆婆会认为你懂得居家过日子，她才会放心地将自己的儿子和孙子交到你手里，也不会因为一些小事找你的麻烦。

（2）适当地给婆婆一些小恩小惠

尽管做婆婆的大多都不喜欢媳妇大手大脚地花钱，但是，假如媳妇不仅能做到节俭，而且在适当的时候，懂得给婆婆一些小恩小惠，婆婆自然会从心里喜欢。比如逢年过节的时候，给婆婆一些实用而投其所好的东西。其实做父母的不在乎子女给自己买多贵多高档的礼品，在乎的是那份孝心，那份心里有他们的温暖，所以，礼物不必很贵重，不必很高档，但要用心挑选，适合婆婆。而且，平日里也可以送她一些便宜而合乎她心意的东西，比如，一份她喜欢的报纸或者一本杂志、书籍，几斤水果，或者她喜欢吃的一些小吃，尽管给她的时候，她嘴上说以后不要乱花钱了，但是心里肯定是高兴的。

（3）婆婆面前，记得给老公买好的

对于婆婆而言，最愿意看见的就是媳妇懂得疼爱自己的儿子，凡事都以儿子为中心，哪怕是买东西，也要给儿子最好的，媳妇的总是次要的，这样做妈妈的心理才会平衡，如果媳妇能做到这些，婆婆自然心里高兴。所以，当媳妇和婆婆一起逛街，媳妇就应该首先想到老公和婆婆，而且，要尽量挑好的给他们，给自己的东西，可以刻意表现出随便凑合就行的态度，这样，婆婆就会觉得媳妇是真心地为自己和儿子着想，她的心里就会好受得多，会觉得自己将儿子交给媳妇，可以放心了，因为媳妇很疼儿子。

（4）和婆婆一起，千万不要让婆婆掏钱

做媳妇的，即便婆婆很有钱，但是跟婆婆一起逛街时也不能让婆婆出钱，不管婆婆是买给自己的还是买给别人的，你主动掏了钱，婆婆一定打心眼儿里开心，相反，即便是一斤水果、几斤菜，你觉得没几个钱，婆婆掏了就掏了，无关紧要，但是婆婆不会这么想，她只会觉得你没有眼色，不懂得体贴她，或许一次两次她掏了，但是，次数多了，她必定会不情愿，甚至因此和你闹翻。所以，在婆婆面前，宁做给钱的别做花钱的，这一点肯定没有错，做婆婆的心理大致都相同，尽管每个婆婆都有属于自己的思想，但是，在面对媳妇的时候，她们的想法大致是相同的。

彤彤是一家公司的部门主管，结婚后，和老公一起在外面打拼，不仅承担着一家人的所有生活开支，还要支付病榻上公公的医药费、护理费，所以经济压力比较大，生活比较拮据。

婆婆是一位退休工人，因为公公卧病在床，所以家里的一切事务包括照顾公公的饮食起居都落在了婆婆身上，婆婆一直以来都很节俭，从不乱花一分钱，也从不允许自己的儿子和媳妇大手大脚地乱花钱。彤彤从小也生活在农村，家里经济条件不是很好，所以她从小也养成了勤俭节约的好习惯，而且，自从结婚之后，由于老公家里的实际情况，她更是懂得节俭之道。而婆婆对于彤彤也赞赏有加，她觉得彤彤在很多方面都像她，不仅会持家过日子、孝顺父母，而且也懂得疼爱丈夫。

彤彤对于婆婆不仅尊重，也打心眼儿里喜欢，婆婆为人比较老实，尽管心直口快，但是每件事都做得恰到好处，极为妥当，所以，彤彤结婚七八年以来，和婆婆都处得很好，彤彤的工资很大一部分都交给婆婆作为家用和公公的医药费，而且彤彤每次回家都会记得给婆婆买一些衣服、鞋子之类的，所以深得婆婆欢心，婆婆也在亲戚邻里面前夸赞彤彤是个难得的好媳妇，也说自己是前世修来的福分，娶了如此优秀的媳妇。彤彤也从内心深处喜欢婆婆，婆媳二人尽管不是母女，感情却更胜母女，在这个婆媳关系微妙的时代，她们成了婆媳相处的典范，好多人都对她们投以羡慕的目光。更重要的是，正因为婆媳相处融洽，整个家庭尽管不是那么富足，生活却过得很好，一家人开心快乐地生活着，而公公的病也在家人的悉心照顾和治疗下，慢慢好转，就在彤彤和老公结婚八年的时候，彤彤如愿以偿地做了妈妈，而婆婆也因为抱上了大胖孙子，对媳妇更加疼爱了。

这样的婆媳关系确实值得我们羡慕，也是其他婆媳学习的楷模，当然，这种婆媳相处的方式也有一定的技巧性，彤彤懂得婆婆的心理，而且说话做事都能充分迎合婆婆，所以婆婆对媳妇打心眼儿里喜欢，关系自然会好，感情也会好。

相处之道

自古以来，勤俭节约都是中华民族的传统美德，尤其是评判妇女品德优劣的标准之一，在现代社会，尽管许多人的思想都有了太多的转变，但是勤俭节约这一美德仍旧普遍适用。所以，作为媳妇，知书达理、贤淑孝顺自然受人称赞，若是能做到勤俭节约过日子自然更受青睐，而且，面对婆婆，宁做给钱的不做花钱的，那更是能深得婆婆之心，又何尝犯难婆媳相处不好呢？

第三章 婆是锣媳是鼓，敲得合拍是艺术

婆媳关系永远都是家庭生活中最微妙且最难处理的关系，婆媳之间的相处不仅直接关系到整个家庭的幸福安宁，而且也直接影响到夫妻感情的好坏，相亲相敬的婆媳关系会让家人享受到天伦之乐，相反则会让家庭征战不断，甚至让原本美好的家庭变得支离破碎。其实，如果将婆媳比作锣鼓，也是极为恰当的，那么，婆媳相处就好比锣鼓对敲，只有敲得合拍才能敲出美妙的乐曲，关系才会融洽。婆媳相处也是一种艺术，不仅要懂得相处之道，也要学会其中的技巧和方式。

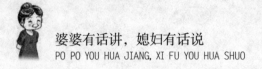
婆婆有话讲

习惯不同，就相互包容

　　不同的年龄、不同的生活环境和背景、不同的生活习惯，必然会给婆媳相处造成一定的难度，这也是婆媳之间矛盾发生的原因之一。当然，这些问题也并非是无法解决和克服的，只要双方相处的时候，懂得为对方多想一点，多站在对方的立场上考虑一下，多为整个家庭的安宁和和睦着想，相比这点问题又算得了什么呢？其实，婆媳之间面对这些不同，完全可以一分为二辩证地去看待，因为，有时候坏事可以变成好事，缺点也会变成优点。

　　婆媳属于两代人，不仅在思想观念上存在着巨大差异，而且在生活习惯、方式等方面也存在着不同，这种不同会随着年龄差距的增大而显得难以逾越。其实，大家都很清楚，人与人之间相处，沟通是必不可少的，在沟通的过程中，只能不断去适应对方以求达到意见的统一，若要改变对方确实是一件难事。而婆媳之间相处也是如此，因为她们之间年龄的差距，生活环境、背景、生活习惯、方式的差异，让她们之间存在着各种不同和矛盾，所以，这也是千百年来婆媳之战的根源所在。

　　其实婆媳在相处的过程中，大多只能做到相互适应，很少有双方能做到相互改变的，再说，不论是婆婆还是媳妇，几十年来都形成了一种生活习惯，脾性也不同，要改变这些，真的是难上加难。在婆媳相处的过程中，试着用理解、包容和友爱之心去对待对方，多一点理解，多一分包容，少一点埋怨，少一分固执和坚持，或许，许多矛盾也会因此而解决，婆媳之间也会因此而和睦相处。

李月的婆婆是一个比较传统的女人，她一直以来固守着封建的思想观念，而且，她懂得勤俭持家，尤其是在穿衣吃饭的问题上她一直遵循老一辈人"新三年，旧三年，缝缝补补又三年"的传统观念。但是，李月属于80后媳妇，而且作为新时代的职业女性，她追求的是新潮，不管在吃饭、穿衣，还是住房、育儿等方面，都有一套新思想、新观念，为此，她和婆婆经常为了一些小事而各持己见，彼此无法认同，也不能相互退让，尤其是因为婆媳之间不同的作息时间，引发的矛盾更是无法化解。

李月属于夜猫子一族，因为她的工作是杂志专栏的编辑，她喜欢白天休息，晚上挑灯写作；而婆婆刚好相反，李月睡觉休息的时候，她刚好起床，而晚上李月开始工作的时候，正是她睡觉的时候。当然，做婆婆的也曾多次劝说李月修改一下作息时间，这不仅是为她的身体考虑，更是为一家人考虑，但是，李月就是无法调整自己的生物钟，白天她总是嗜睡，晚上总是灵感特别多。为此，她们还小吵过一次，但李月还是继续坚持自己的作息时间，婆婆也并没有改变自己的作息时间。

但是，既然生活在一起，做了一家人，许多事情都要正确面对，李月试着学习一些婆媳相处之道，她也试着去体谅婆婆，尽量在白天的时候关起门休息，即便婆婆有大的动静，她也不会去说什么，而婆婆看到李月的表现，自己也觉得心里有点过意不去，尽量在白天的时候不去搞出大的动静，而且不再要求李月按照自己的生活习惯去做事，这样一来，慢慢地，婆媳之间达成了一种默契，相互也不去干涉了，其结果是彼此之间反而相处得更加融洽了。而且，这样一来也减少了婆媳碰面的机会，矛盾自然少了许多。

从李月和婆婆的例子中可以看出，尽管婆媳之间因为不同的生活方式、生活习惯等问题，存在着一定的矛盾，但是，这些矛盾都并非无法解决和克服的，只要双方彼此能站在对方的立场上考虑问题，多为对方设想，多点理解和包容，甚至谦让，那么，这些矛盾又算得了什么呢？婆媳之间相处，还有许多门道和技巧，针对生活习惯、生活方式不同的婆婆和媳妇，相处更要懂得技巧和方式：

（1）要学会宽容，懂得换位思考

在婆媳相处的过程中，不管是婆婆还是媳妇，都应该懂得宽容，去包容对方的一些缺点，不要将缺点无限放大，并要学会发现对方的一些优点，并且尽量将对方的优点放大。要懂得换位思考，站在对方的立场上考虑问题，比如婆婆年龄大了，胃口牙齿都不如年轻人好，做饭的时候，尽量照顾一下婆婆，食物不要做得太硬。老人一般身体比较弱，怕冷，不要将空调开得太大。而婆婆也应该考虑到媳妇的实际情况，比如年轻人喜欢睡懒觉，本来平时工作忙，所以周末的时候尽量不要去叫醒她，适当地让她好好睡一觉，或者晚上有应酬回来晚一点，都应该理解和包容。

（2）不要过多地干涉对方的生活

婆婆作为长辈，对媳妇的生活干涉一下也是可以的，媳妇适当地询问下婆婆的生活，那也是晚辈应尽的义务，但是，凡事都应适可而止，任何过分的举动，都往往会适得其反。比如，做婆婆的最好不要事事都过问媳妇，给她留一点自由空间，哪怕你对她的哪一次突然外出很好奇，但只要她不主动说，你也没必要去旁敲侧击地打听。偶尔一次晚归，你也不应该仔细盘查，更重要的是，不要刻意去打听媳妇和儿子的私生活，这些事情不是你做婆婆的需要关心的，这样只会让媳妇觉得你八卦、无聊；而媳妇也要尊重婆婆的个人生活，尊重婆婆的生活方式和习惯，即便是单身的婆婆，也不要去对她的交友情况及私生活寻根问底，更不要去干涉她的自由。

　　既然做婆婆的无法改变媳妇的生活习惯和方式，就试着接受并包容吧，不然反而显得做婆婆的不够大度。再说，站在自己的立场上而言，这么多年的生活习惯和方式，也并非一朝一夕能改变的，既然媳妇无法改变婆婆的生活方式和习惯，那么，做婆婆的也就无法改变媳妇的生活方式和习惯，与其如此痛苦地相互去改变，还不如相互尊重，相互之间包容、谅解，这样，也减少了婆媳之间正面接触的机会，矛盾肯定会少很多，相处自然会好很多，这才是最明智的选择。

自立，手心向上不可取

　　现代社会，大多数婆婆都有自己的收入，起码不依靠儿子媳妇养活自己，所以，生活要过得有底气，绝不要轻易手心向上向晚辈讨要，即便没有属于自己的收入，真的需要晚辈赡养的，那也是晚辈的义务，你只要做好自己的事，你不要他们自然会情愿给你。因为，对于婆婆而言，即便儿子媳妇再孝顺，再舍不得你操劳忙碌，你自己也要拿捏好分寸，过有底气的生活，适当地做点家务，在媳妇忙得不可开交的时候做顿饭，帮忙带带孩子，媳妇和儿子都会从心里感激你。

但是，现实生活中，总有一些婆婆，觉得自己将儿子抚养长大，给他娶了媳妇安了家，自己也应该功成身退开始享享清福了，当然，这种想法没有错，这也是每一位做妈妈的应该享受的。但是，如果婆婆只是一味地抱着这样的想法，只想着得到儿子媳妇的孝顺和赡养，而自己当慈禧太后享清福，或多或少都会有点不明智，而且，这样的想法往往会让自己对自己的要求降低，对别人的要求提高，尤其是在婆媳相处的过程中，不仅会变得斤斤计较、吹毛求疵，而且也会因为一些小事而产生矛盾。

"自古以来都是媳妇让着婆婆，可现在，我这做婆婆的却处处让着媳妇！我含辛茹苦将儿子养大，准备享几天清福，结果却成了保姆了！媳妇虽然是博士生，但是家务活一点都不干，孩子也不会带，饭也不会做，更谈不上勤俭持家了！"来自江西农村的婆婆姜惠贞逢人就说。

每次她说起媳妇就会很生气，有太多的不满和怨言，甚至委屈。的确，婆婆姜惠贞三十岁不到就死了丈夫，是她一个人辛辛苦苦将儿子拉扯长大，供他念书，考了博士，娶了博士媳妇，眼看着日子一天天变好，姜惠贞也觉得自己终于可以松一口气，终于可以享几天清福了，但是没有想到的是，儿子娶的媳妇虽然有着高学历、高工资，但是，家务、做饭一样不会做，更要命的是，不会带孩子，所以，这所有的一切自然而然落到了婆婆姜惠贞身上。

姜惠贞越说越来气："我在家做家务带孩子，只有孩子睡着的时候才能准备饭菜，一天忙下来腰酸腿痛，好不容易有喘口气的时间，想和儿子拉拉家常，媳妇就不愿意了，一会儿说老公来帮我倒杯水，一会儿说老公来帮我捶捶背，明摆着是不情愿我和儿子多说两句话。"

姜惠贞一口气将所有的怨气都悉数倒出，别人甚至都来不及插嘴，她又说："现在的年轻人，真的被惯坏了，我那媳妇也是被我惯坏的，这还不说，更过分的是，我经常做好饭等着他们回来，但是临时他们又说有应酬不回来了，这算怎么回事啊，真当我是保姆了！"

其实，在生活中，诸如姜惠贞的情况不在少数，在不少儿子和媳妇的心目中，媳妇是女主人，婆婆就是听话干活的老妈子，针对这种情况，我们在为这些婆婆们打抱不平的同时，也奉劝各位婆婆们，在和媳妇的相处过程中，要讲究方式方法，要身体力行地去执行，一分耕耘一分收获，相信婆婆们会有意想不到的收获。

（1）懂得放手，让儿子媳妇过属于自己的生活

当妈妈的将儿子拉扯大之后，就应该懂得放手，因为孩子长大了，自己可以作决定了，而且，成家之后，就应该有属于自己的生活。他们应该承担起家庭的责任，也承担起赡养老人的义务，不用事事都为他们操心，处处为他们着想，更加没必要将自己整得和老妈子一样，伺候了儿子媳妇还要伺候孙子孙女。这样，不仅自己无法很好地休息和享受生活，在内心深处也会觉得委屈，假如媳妇儿子再对自己不好，那么，只有伤心抱怨的份，自己过得也没有底气，总觉得是在等待孩子的施舍和爱护。

（2）接受既定的事实

做婆婆的，即便再不喜欢媳妇，但既然人家进了门当了儿媳，那

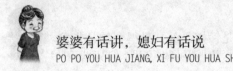
你就应该懂得面对现实并接受现实，如果一味地去反对或是抵触，其结果只会越来越糟，同媳妇的关系也会越来越糟糕，甚至还会影响到自己和儿子的感情。明智的婆婆是不会与那些已经无法改变的事实去较劲的。其实，做婆婆的应该换一种方式和思维去思考问题，再说，有什么能比儿子媳妇恩爱地生活更加让人欣慰的事情呢？若真是儿子媳妇因为自己的坚持而分开，做婆婆的难道就能心安理得地安享晚年，或者孙辈就能健康快乐地成长吗？

（3）不要在别人面前说媳妇的坏话

媳妇是好是坏都是自己的，关起门来毕竟是一家人，你可以调教、可以批评，但是，在外人面前说媳妇的坏话，就算是胳膊肘往外拐了，这样不仅会破坏整个家庭的声誉，而且会直接影响到婆媳关系，会加剧婆媳之间的矛盾，也会成为别人的笑柄。所以，明智的婆婆从来不会在别人面前说自己媳妇的坏话，要说也只会说媳妇的好。

婆婆更要懂得婆媳相处之道，毕竟自己是长辈，做长辈的更不能输给晚辈。平时，自己要有生活来源还好，完全可以依靠自己养老，但是，如果没有生活来源，那一切都得靠儿子媳妇，所以，只要自己还有能力做点力所能及的事情，就应该为儿子媳妇分担一些，哪怕做点家务、带带孩子、做做饭，也总比闲着无所事事的好，起码自己也做事，这样让儿子媳妇养活着，就会显得心安理得一些，觉得生活得更有底气。

引领时代潮流，婆婆也得懂时尚

潮流，时尚，看见这些词，一般都会让人想起当今社会职场上的白领们，或者是那些明星大腕们，却很少会和婆婆联系起来，因为毕竟做婆婆的年龄都比较大了，似乎和时尚、潮流不搭边。事实上，这根本就是一种错误的理解，谁说年龄大了的女人就不能引领时代潮流，谁说做婆婆的就不能赶时髦、懂时尚？其实，懂时尚的婆婆肯定都是爱美的女人，爱美是人的天性，爱美就说明她对生活充满了激情和憧憬，爱美就意味着她时时刻刻都在用艺术的眼光看待一切，爱美可以让她的生活过得活色生香、有滋有味，爱美或许还可以让她更有气质、更优雅。

懂时尚的婆婆，一般都会有属于自己的爱好和一定的审美观，她们懂得生活的情趣、懂得享受生活，她们可以每天都将自己打扮得漂漂亮亮，邀上三五好友，要么逛逛街，要么一起做美容，要么参加一些活动，跳个舞、唱个歌，而且，懂时尚的婆婆最注意保养自己了，还会做美味的食物。另外，懂时尚的婆婆一般都比较手巧，她们爱所有美好的东西，所以她们或许会织一些漂亮的毛衣，做漂亮的家饰，喜欢种种花，喜欢首饰，喜欢品牌，喜欢所有漂亮时尚的东西。

张海燕有个时髦婆婆，她自己也是一位职场白领，更是懂得时髦，所以，婆媳之间有很多共同话题，平时相处起来也觉得很轻松，张海燕一直为自己有个时髦婆婆而自豪呢。

　　有一次，公司组织员工去海南游玩，而且规定可以带家属，张海燕准备带婆婆去玩玩，因为婆婆一直念叨着想到海南去玩玩。婆婆得知媳妇要带自己去玩，当然开心的不得了，临走之前到商场给自己和媳妇都买了漂亮的衣服。

　　婆媳俩上了飞机之后，媳妇就抱着一本时尚杂志看了起来，婆婆没几分钟就和邻座的小女生混熟了，两个人大谈时尚，还有娱乐圈的八卦新闻以及各自喜欢的明星。结果还真凑巧，两个人都是刘德华的超级粉丝，这下自然共同话题多了，她们彼此谈论追星的心得体会，两个人交谈甚欢，即便下了飞机还意犹未尽，两个人还互留了电话。临分别时，小女生冲着张海燕竖起了大拇指："你婆婆超厉害，懂那么多时髦的东西！"当时，张海燕感觉脸上非常有光。

　　到了海南，大家去三亚海边玩，婆婆换上了她最得意的大花T恤和绣花七分裤，引来不少惊艳的目光，还有同事在张海燕跟前说："你婆婆太潮了，我们都赶不上！"而且，婆婆处事大方得体，很快就和媳妇的同事混熟了，而且媳妇的同事都比较喜欢婆婆，因为婆婆完全不像五十岁的人，她的思想观念很新潮，所以和年轻人在一起有话说。

　　逢年过节，亲戚朋友聚在一起，谈论谁家孩子聪明，谁家孩子漂亮，最后，大家都将目光聚集到张海燕和她老公身上："你俩结婚四五年了，也该生个宝宝了！"眼看张海燕和她老公都满脸尴尬，这个时候婆婆挺身而出："他们还年轻，再玩几年，再说，我也不想这么早就被孙子绊住，我还想多玩几年呢，现在生不生小孩无所谓，人家丁克家庭多了去了！"张海燕从内心深处感动，有这么开明的婆婆，也算是她自己的造化！

　　而且，张海燕和婆婆都喜欢美容，周末两人就一起去美容院，别人还以为是母女俩，晚上的时候，两个女人一起看韩剧。要是老公欺负了张海燕，婆婆会第一个站出来打抱不平，张海燕和婆婆一直像朋友一样相处，所以自然很少有闹矛盾的时候，即便有什么事情两个人意见有所分歧，但都能够冷静地和谈，所以，婆媳相处得很好。

看到张海燕和她婆婆的故事，大家或许更多的是羡慕，说实在的，谁不想婆媳能如她们一般和平共处，重要的是，居然能相处得如此融洽。其实，究其原因，这和婆婆懂时尚、追时髦还真有一定的关联，试想一下，如果婆婆是个保守的婆婆，那么，媳妇就不会带着她出去玩，婆婆无法和年轻人相处，媳妇也会觉得没意思、没面子。更重要的是，婆婆很开明，其实，在对待媳妇生孩子的问题上，大多数婆婆都是急着要抱孙子，动辄就怨媳妇怎么还不生，能有几个婆婆能在媳妇遇到尴尬的时候去解围，而且将事情说得云淡风轻的？这样的婆婆，媳妇当然喜欢。那么，作为一个时尚婆婆，究竟应该具备哪些条件呢？

（1）穿着讲究

时尚的女人最懂得穿着了，她们不仅有一定的品位，而且也更懂得审美，她们懂得衣服的搭配，各种场合的服装搭配都有讲究。讲究穿着的婆婆，橱柜里面陈列着各种款式的衣服，每件衣服都经过精挑细选，并且视其为珍宝。当然，这样的婆婆不仅对于儿子的穿着有要求，对于媳妇的穿着也会有要求。

（2）女人要为自己活着

懂时尚的婆婆一般都懂得爱自己、懂得护肤保养、懂得让自己的生活变得多姿多彩，她们都有属于自己的爱好。这样的婆婆，她们的包里面肯定装满了洗面奶、面膜、精华液、口红、眉笔，还有香水，她们出门之前，一定会精心打扮自己，会擦上粉底、涂上口红、喷上香水，而且，她们会隔三差五地去参加老年歌唱、跳舞比赛，或者邀上好友去逛街聚会，或许，她们还有一句口头禅：女人就是要活得精彩。

（3）追赶时髦

懂时尚的婆婆一般对新衣服、新鞋子、新首饰来者不拒，她们对各种各样的包、鞋子、饰品、衣服都有狂热的追求，而且熟悉各种品牌，甚至对一种东西情有独钟，比如包包、发卡，或者戒指、项链之类的东西。一旦她们心情不好，你都可以用那些东西去哄她们，保准一会儿就开心了！

为什么美丽就是年轻人的专利？做婆婆的打扮得漂亮点，就说是老妖精、扮俏？而且还说年纪大了，再怎么打扮也美不起来，只能让人嘲笑。其实，这是一种错误的认识，人的实际年龄和心理年龄是有区别的，做婆婆的尽管年龄大了，心态却年轻，精神面貌年轻，活得精彩。爱美之心人皆有之，女人嘛，收拾得漂亮点、优雅点，总归没错，再说，婆婆紧跟时代潮流，追赶时尚，不至于被时代淘汰，不也是为了更好地与年轻媳妇相处嘛！

媳妇可以支使，但也要心疼

媳妇终究不是婆婆亲生的，和儿子无法比，但是，媳妇也是陪伴儿子走完一生的人，也是除了儿子之外最亲的人，所以，做婆婆的可以支使媳妇，但也要懂得心疼，让媳妇感觉到自己的诚心和疼爱，这样，媳妇也会从心里感激你，真正地尊敬爱护你。当然，支使媳妇要讲究方式方法，心疼媳妇也需要技巧，要让媳妇觉得做那些事情是理所当然的，更要让媳妇感觉到婆婆是真心地疼爱自己，这样，媳妇才会从内心感激你，并真正尊重你、爱护你。

人与人之间相处，贵在真诚，难得的是相互体谅、相互心疼。婆媳相处，亦是如此。然而一直以来，婆媳之间之所以战火连天，最主要的是彼此都只考虑自己的利益，只在乎自己的内心想法和真实感受，而很少站在对方的立场上去设身处地地为对方着想，所以，大多时候根本无法做到真心相待，更不用说婆婆心疼媳妇、媳妇爱护婆婆了，即便是能做到相安无事那都已经很不容易了。

胡艳有个精明能干、吃苦耐劳的婆婆，尽管婆婆文化程度不高，但料理家务、带孩子、做饭却是一把好手，婆婆几十年如一日，无怨无悔地承担着家里所有的家务活动。

胡艳进门后，婆婆特别开心，也特别喜欢胡艳，因为胡艳是一位新闻记者，有着不菲的收入，工作也体面，做婆婆的在别人面前说起来当然也觉得特有面子，另外，婆婆也在想，胡艳进门了，自己也能多一个帮手，可以分担一下家务了。但是，让婆婆意想不到的是，胡艳根本就不会做饭，家务也是做得糊里糊涂，婆婆一下子从希望的顶点落到了失望的深渊，深感失望之余，话里话外也对胡艳表示出颇多不满，婆媳战争的火焰似乎要熊熊燃烧起来了。而胡艳也对婆婆的态度心知肚明，她这才意识到，结婚做了媳妇，她就再也不是新闻记者了，而是一位持家过日子的主妇，所以，凭借她的敏感，她觉得自己需要尽快转变角色，调整到媳妇的角色上来。

于是，她展开了对婆婆的主动进攻，首先，她从对婆婆的关心体贴做起，她觉得虽然自己无法在家务活这方面替婆婆分担，让婆婆满意，但总可以通过其他的方式讨得婆婆欢心，真心实意地为婆婆着想。她借着婆婆五十岁生日之际，为她在四星级酒店包了一桌，而且邀请了婆婆的亲朋好友为她庆生祝福，当婆婆端起酒杯接受大家祝福的那一刻，婆婆泪流满面，激动得泣不成声。婆婆说这是她长这么大第一次庆祝生日，而且是在如此豪华的酒店，而后她又说，这样过生日让她很开心，但就是太过浪费了。

之后，胡艳开始主动跟婆婆学做饭、收拾屋子，还经常请教婆婆如何做菜，婆婆自然很开心，亲手传授胡艳各种饭菜的做法及经验，慢慢地，胡艳进步了许多。而且下班之余或者周末的时候，她会主动让婆婆多休息休息，自己承担起简单的家务活，这样一来，婆婆对胡艳的态度变得好多了，婆媳之间的关系也提升了很多。

而且，胡艳经常陪婆婆逛商场，给婆婆买一些衣服、鞋子等日用品，还会陪婆婆拉拉家常，婆婆逢人就说："胡艳不错，是很好的媳妇，上得厅堂，下得厨房！"这样，婆媳之间自然能够和睦相处，一家人过得其乐融融。婆婆也真的当胡艳是自己的亲生女儿，平时更是舍不得媳妇去做一些粗重的活儿，在胡艳生孩子坐月子的几个月时间里，婆婆费尽心力照顾胡艳，想方设法地给胡艳进行食补，这样一来，婆媳之间的感情越来越好。

其实，看到胡艳和她婆婆的故事，我们都相信了原来婆媳之间也可以相处得如此好，婆媳之间真的有爱存在，我们在羡慕的同时，也会扪心自问，假如自己是媳妇或者婆婆，又能做到胡艳和婆婆的几分好呢？或许每个人都有对自己的衡量，然而，看完胡艳和她婆婆的故事，我觉得，我们应该学习她们之间的那份彼此疼爱的心，胡艳没有因为婆婆当初的嫌弃和不满而生气，反而用自己的行动和真诚去感动婆婆、去爱婆婆。婆婆也能感觉到胡艳的真心，并且报以同样的真心和疼爱给媳妇，所以，她们之间才能亲密地相处，感情也日渐浓厚。那么，在婆媳相处的过程中，还应该注意些什么呢？

（1）懂得感恩，怀有爱心

婆婆一定不能觉得是媳妇抢走了儿子，相反，要感谢是媳妇的到来结束了儿子漂泊不定的单身生涯，给了儿子温暖的家，并且细致周到地照顾儿子的生活起居，为儿子生儿育女，不辞劳苦。要时常在儿子面前夸赞媳妇，这样不仅儿子觉得脸上有光，媳妇听到了也会多一些爱和尊重给婆婆，毕竟人心都是肉长的，好跟好是相互交换的，这样不仅让媳妇感觉到了婆婆的爱，也让婆婆在自己和媳妇的情感账户里面存入了一笔款，只要存款充足，怎么样都不会透支，即便偶尔出现一些矛盾和摩擦，也会因为念着对方以前的种种好而谅解和迁就。

（2）学会包容，真心相待

包容是人与人之间相处必不可少的环节，只有懂得包容，关系才能长久，婆媳之间亦是如此。在生活中，不管多么完美的人，都有可能犯错，只要是小错误，都应该给予包容、理解和谅解，并且给对方一次改过自新的机会，不要因为犯了一个错误而终身判人家死刑。对于婆婆而言，对待媳妇也应该如此，做婆婆的一定要有一颗宽容的心，能理解并包容媳妇平日里的一些小错误，并用适当的方式方法帮助其改正，相信媳妇也会心存感激，婆婆的真心相待，也肯定会换来媳妇的真情付出。

（3）可以支使，但也要适当地疼爱

婆婆支使媳妇干点力所能及的事情那是天经地义的，因为作为家庭的一员，本应该做些力所能及的事情，媳妇也应该遵从婆婆的支使，尽量将自己分内的事情做好。但是，做婆婆的应该懂得一种方式和方法，不仅要让媳妇心甘情愿地去干活，也要学会疼爱媳妇，让媳妇觉得自己没有白付出，起码得到了婆婆的肯定和夸赞。比如，在媳妇洗碗刷筷子的时候，给媳妇一双手套，媳妇肯定会从内心感谢婆婆；当媳妇干完家务，或者做好一顿饭的时候，可以适当地肯定，即便做得不好，也不能去责备，可以委婉地告诉她，以后可以做得更好一些，或者哪些方面需要注意一下；当媳妇的生日到来之时，可以试着给媳妇挑选一份礼物，哪怕是微不足道的一件小礼物，媳妇也会从内心感动。

（4）将心比心

婆婆一定要搞清楚，妈妈疼爱儿子的方式和婆婆疼爱媳妇的方式根本就是两码事，所以，婆婆千万不要将自己疼爱儿子的方式强加在媳妇身上，试想一下，自己当初当媳妇的心情，肯定也是希望既能得到婆婆的疼爱，也能得到自己老公的宠爱，所以，婆婆应该为媳妇着想一下，用真诚和爱去对待媳妇，并且给媳妇和儿子足够的时间单独相处。

都说女人需要哄，所以，做婆婆的也要懂得哄媳妇开心，媳妇开心了，自然也会对婆婆转变态度，做婆婆的自然会得到尊重和爱戴。其实，婆婆支使媳妇做点事情那是理所当然的，但是，要千万注意口气和方式，要学会让媳妇心甘情愿地听自己的话，并用一些方式方法，让媳妇明白婆婆是疼自己的，这样，媳妇干得顺心，也会因为婆婆的

真心对待而心存感激，自然对婆婆也会以礼相待、尊敬孝顺。所以，婆婆不仅要疼爱儿子，更要学会疼爱媳妇。

媳妇有话说

用心做留心改，态度要端正

如今的女孩子，尤其是生活在城市的女孩子，从小到大都在父母的万般宠爱下长大，过着衣食无忧、衣来伸手、饭来张口的生活，如同公主一般，不仅所有的事情都由父母操心把持，而且大多都是十指不沾阳春水的主儿，哪里知道家务从哪头做起，饭该如何做。因此，即便结了婚当了媳妇，对于做饭和家务活也还是一窍不通。但是，婆婆毕竟不是自己的亲妈，她不会心甘情愿地伺候自己，她伺候疼爱儿子那是母爱的伟大，可媳妇毕竟是没有血缘的外人，所以这样的媳妇难免会遭到婆婆的嫌弃。

其实，不会做饭、不会做家务也没有什么大不了的，现在的社会，男女早都平等了，许多女人都做了职业女性，不仅经济上独立了，生活上也独立了，做饭、做家务再也不是女人的义务，男人也应该承担一点，所以，许多女孩子即便是结婚做了媳妇，不会做家务、不会做饭也是司空见惯的事情。再说，女人也有属于自己的事业，至于家务活完全可以找个保姆，要不，家里有婆婆，可以由婆婆来做。

可是，当婆婆的不这么认为，她希望自己的儿子能娶个上得厅堂、下得厨房的媳妇，而不是娶回来一个公主，还需要做婆婆的伺候。再说，她好不容易将儿子培养得如此优秀，一直以来，儿子的起居饮食都由她自己亲自把关，如今，媳妇的到来不仅彻底打破了这种模式，而且让儿子和自己一下子疏远了许多，再说，她又如何能放心地将儿子真正交到连家务都不会做的媳妇的手上。因此，做媳妇的，哪怕不会做，也要用心学着做，因为做不做是态度问题，做得好不好那是另外一回事，本质上先不要出问题。

杨艳是独生女，家里条件优越，父母又是高干，从小所有的事情都是父母和保姆为她操持，所以尽管她才艺双绝，可是对于家务事真的不会。大学毕业后，她顺利考上了公务员，仕途一帆风顺，找的老公是单位的同事，两个人都有着稳定的收入，刚结婚的时候，他们没有和公婆生活在一起，平时两个人从不收拾房子、做饭，那些自有保姆打理，而且每周有两三天在岳父那边吃饭，日子倒过得逍遥自在。

然而，自从杨艳怀孕之后，婆婆一定要搬过来同他们一起住，说是要照顾杨艳的饮食起居，婆婆的到来，其余的没有什么改变，但唯一不同的就是，婆婆辞去了保姆，自己承担起了家务活和做饭的任务。杨艳每天下班后看到婆婆忙里忙外的，不知道从何帮起，于是回家请教自己的妈妈，妈妈告诉她，婆婆干活的时候一定要搭把手，即便你不会做，也要表现出愿意学习的态度，哪怕帮着擦擦桌子、择择菜什么的。

杨艳听了妈妈的话，只要看见婆婆干活，她就跟在后面去帮忙，尽管有点笨手笨脚的，但是婆婆也从来不说她什么，而且还说让她休息着，不要累着了，影响到肚子里的小宝宝。杨艳有时候会说："妈，我以前什么都不会做，你教教我吧，即便我做错了，你也要批评指正！"

杨艳的话婆婆自然很爱听，有时候，婆婆也手把手地教杨艳做一些菜，杨艳也是尽量去学习，有时候难免盐放多了或醋放多了，但婆婆都会不厌其烦地再教她，也从不因此而说杨艳。

她们婆媳之间一直相处得很好，而且，杨艳从婆婆那里真的学到了好多东西，随着杨艳肚子里的宝宝越来越大，杨艳也休假在家待产了，而婆婆也只是每天允许杨艳陪着自己说说话、聊聊天，却从来都舍不得杨艳做任何事情，直到宝宝生下来一周岁，杨艳都在婆婆的精心照顾下度过，杨艳从内心深处感谢婆婆，婆婆也逢人就夸赞杨艳，说："杨艳那孩子上进心很强，什么都愿意学习，根本不像富家出来的大小姐，很懂事！"

杨艳的做法可谓是摸准了婆婆的心思，并且遵循了妈妈教给她的原则，自然和婆婆相处甚好。其实，在这一点上，杨艳的做法显得很明智，也是每一位媳妇应该学习和效仿的。不是所有的婆婆都是恶婆婆，只会对媳妇挑三拣四的，主要是看媳妇如何去做了，就像故事中的杨艳，她虽然不会做饭、做家务，但是她愿意去向婆婆请教，愿意认真去学，其实，婆婆看到的也只是她那份态度，做得好坏其实都是次要的。做媳妇的，应该懂得以下几点：

（1）能帮多少忙是多少

职业女性平时上班时间比较紧张，工作压力大，所以下班后肯定只想着好好休息休息，哪里还有精力做家务、做饭呢！但是，做了媳妇，就要改变思想，哪怕上班真的很累，不管婆婆让不让你做，也不管你是否真能帮上忙，如果下班后看见婆婆在做饭，你一定要放下包包洗了手去帮忙，哪怕仅仅打打下手，在厨房里面陪婆婆聊聊天，帮她端个菜盛个饭，婆婆都会觉得开心。

（2）做错了赶紧承认错误

婆婆毕竟是长辈，相比媳妇而言，不管是生活经验还是人生阅历都要丰富得多，做媳妇的，要时常听婆婆的教诲，做错了事情说错了话要勇于承认错误，记得及时向婆婆道歉，并表明自己往后一定改正，这样，婆婆再生气，也不会太过责备你。相反，即便做错了，还是将错就错，觉得自己做得没错，那么，婆婆就会从内心深处对你有看法，她会觉得你这个人本质有问题，说不准还会扯上你的父母，说他们对你家教不好，这样一来，婆媳之间难免出现矛盾，又如何和睦相处呢？

（3）做事前记得请教一下婆婆

不管儿子媳妇多有能耐和本事，多明事理和人情世故，但是在婆婆眼中，永远是孩子，永远都长不大，她会觉得儿子媳妇还小，不管是考虑问题还是做事情，都不那么成熟，她也不会很放心。做事前，做媳妇的最好能请教下婆婆，征求下她的意见，婆婆自然会觉得媳妇特别懂事，不仅懂得尊重婆婆，而且很在乎婆婆的意见。当然，有时候，婆婆说的也未必适用和在理，但一定要认真地听她说完，对她的意见表示尊重和认可，至于实际操作的过程中你会按照哪种方式进行，那就需要你自己掂量着办了，只要结果不出大的偏差，过程如何，婆婆肯定不会去计较。

相处之道

既然婆婆喜欢上得厅堂、下得厨房的媳妇，那么，为了自己幸福美满的婚姻，为了一家人的和睦相处，你也要好好学习，不就是家务活、不就是做饭嘛，这又不是技术含量很高的事情，又不是让你去搞研发，相信只要你愿意学，肯定能学好，说不准做得比婆婆还好呢，看她到时候还能挑出什么刺儿。对于婆婆觉得不满意的地方，你也需认真去改正，让她有一天对你刮目相看，也让老公重新认识你。

经济独立，不做婆婆眼中的"啃老族"

女人要独立，最重要的首先是经济独立，因为会赚钱的女人才能按照自己的生活方式去生活，才能按照自己的意愿生活。聪明的女人最懂得经济独立的重要性，也最会培养自己赚钱的能力，懂得爱自己，为自己的人生做打算，所以才不会被生活所羁绊，才会活得更加洒脱，更加自由、轻松和无忧。这样的女人也会在家里有一定的地位，不会被老公和婆婆看不起，也不会成为婆婆眼中的"啃老族"。

女人应该明白，支撑生活的每一环节都需要金钱，金钱和物质是人类实现社会价值和自我价值的基础和保证，尽管我们一直在倡导，人类要崇尚精神世界的高尚和纯洁，金钱是充满铜臭的俗物，金钱不是唯一的，也不是万能的，但是，这世上却没有几个人能离开金钱独立地生活。所以，做媳妇的首先要让自己经济独立，哪怕自己赚得不多，也不能让婆婆觉得是自己的儿子在养活你，这样，婆婆肯定会看不起你，你也必然会成为婆婆眼中的"啃老族"。那么，媳妇需要具备哪些素质才能保持经济独立呢？

（1）有实现经济独立的愿望

作为媳妇要对实现经济独立有美好的愿望，因为，许多愿望的实现都需要经历一个漫长而曲折的过程，或者付出努力和艰辛，所以，

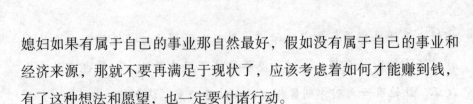

媳妇如果有属于自己的事业那自然最好，假如没有属于自己的事业和经济来源，那就不要再满足于现状了，应该考虑着如何才能赚到钱，有了这种想法和愿望，也一定要付诸行动。

（2）有赚钱的意识

意识决定行动，所以，要想实现经济的独立，首先要有赚钱的意识，当了媳妇，哪怕老公心甘情愿地养着你，不用你为生活所奔波，但是，这些都不能成为你偷懒的理由，你要有属于自己的收入，哪怕是很微薄的收入，只要你有，你就能实现经济独立的愿望，当然，如果你没有，你就应该尽早树立这种意识，多思考，多找找赚钱的法子和门道。

（3）具有创新思维

常听到发展、与时俱进这样的词，其实，说白了就是创新，同样，做媳妇的也要具备这种能力，具有创新意识和思维，不能坚守着以往的传统和陈旧的习惯，在谋取钱财的道路上一定要懂得创新，用创新的观念去看待问题，用创新的思维去认识一切事物、去寻找赚钱的新路。

（4）学会精打细算

媳妇不仅要学会赚钱，懂得享受生活，更要懂得精打细算。结了婚过日子，平时柴米油盐酱醋茶也是一笔很大的花销，再加上家里每个人的基本费用，如果你不去精打细算，钱就会像流水一般哗哗而去，而且，你甚至连钱花在哪里了都搞不清楚。究竟该如何精打细算呢？首先，应该学会记账，记账可以让自己对日常的开销一目了然，所花的每一分钱都有去处，而且，你可以通过账目去控制一些不必要的开支；其次，要学会理财，理财是一门很深的学问，成功理财可以让小钱变成大钱，让你永远都不会为钱所累，因此，学会了精打细算，你就基本实现了聚财。

柳芳是中国建设银行的一名职员，老公是检察院的一名法官，结婚后，夫妻俩一直和公婆生活在一起，公婆每个月有点养老金，但是数额不多。柳芳自从有了孩子后，家里的花销就更大了，而自己和老公每个月就那么点固定工资，所以，要说维持生活，那一点问题都没有，但是要买房子、买车子，那就显得有点力不从心了。

　　柳芳对于女性保持经济独立有自己独到的见解，她一直认为，女人要稳住自己在家里的地位，首先应该拥有独立的经济基础，所以，一直以来她都很会理财。本身她在银行工作，对理财比较熟悉，面对自家的实际情况，她和老公细细地商量过，最后，两个人决定，家里的财政大权由柳芳掌管。开始，公婆知道后觉得柳芳凌驾于儿子之上，颇有微词，婆婆脸上也表现出很不情愿的样子。但是慢慢地，他们发现，柳芳对于理财真的有一套，她把老公和自己的工资分开，一个的工资用来做日常开支，一个的工资闲下来做投资，她买了自己单位的理财产品，也买了一些基金，凭着她独到的职业眼光，几年下来，她理财成功，为家里换了大房子，也买了车子。看到这些，婆婆对柳芳掌管家里的财政大权再也没有丝毫异议了，而且，在亲戚朋友面前还老夸柳芳："就我们家这条件，还真亏媳妇能干，要不是她懂得理财，我们哪能这么快就住上大房子，开上小车，有这样的媳妇，比守着金山银山都强！"当然，亲戚朋友也羡慕婆婆有这么能干的媳妇。

　　通过柳芳的故事，我们更应该坚信，女人只有有了独立的经济地位，才能被人们看得起，封建社会都遵循"女子无才便是德"的古训，但是，在现代社会，这种想法早都变成了谬论，女人不仅要有才，更要有钱，有了钱才能和丈夫真正平等，才能真正在婆婆面前抬起头做人和说话，而婆婆也才会真正地看得起你。做媳妇的，一定要保持自

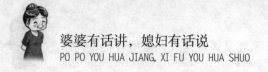

己独立的经济地位，坚决不做婆婆眼中的啃老族。

　　当媳妇的，假如经济不独立，不仅会被婆婆看扁，而且自己在家中肯定没有什么地位，因为经济基础决定上层建筑，对于一个家庭而言也是如此，谁拥有财富谁就拥有决定权、拥有发言权。所以，媳妇一定要实现经济独立，只有经济独立了，婆婆才会瞧得上你，你才不至于在她眼中成为啃老族，而且，经济独立可以让自己的生活过得更洒脱、自由和惬意，不至于成为家里的蛀虫，人人都嫌弃。

在婆婆面前，可以被冤枉一下

　　婆婆都希望媳妇能乖巧懂事、贤淑听话，更重要的是懂得尊重婆婆、孝顺婆婆。婆媳平时相处，有好多时候都会发生矛盾，当矛盾发生的时候，双方若能懂得彼此谦让和包容，任凭再大的事情也会化小，如果是小事的话，自然就化没了，事后，婆媳该怎么相处还是怎么相处，该怎么快乐地生活还是怎么生活。但是，做媳妇的如果做错了事情，或者没有错只是婆婆认为错了，那么，也应该在婆婆面前虚心认错，当然，事过之后依然可以按照自己的方式去做。

　　不管是面对强势的婆婆，还是面对温顺的婆婆，媳妇在婆婆面前终归是做晚辈的，所以，每当作错事或者婆婆认为做错事的时候，就不要去据理力争，适时地学会让步，这不仅是对婆婆的充分尊重，也是为婆媳关系和睦着想。试想一下，做长辈的总归是希望晚辈能做到乖巧听话，对于媳妇的要求更是如此，如果婆婆觉得媳妇做错了，或者媳妇本身做错了，认个错道个歉是最起码的，自己又不会损失什么，所以根本没必要去争论，更没必要因此而和婆婆产生不愉快和矛盾。

假如媳妇根本就没有错，只是婆婆以为错了，那么，媳妇这个时候千万不能冲动莽撞，让自己冷静下来，也不要据理力争，否则只会让婆婆觉得媳妇不懂事，犯了错误还狡辩。婆婆已经认为媳妇错了，在内心深处一时半会儿也无法转变看法，即便突然意识到自己冤枉了媳妇，有可能也会碍于面子无法坦诚，更不会当着媳妇的面承认自己的错误，所以，做媳妇的就要懂得谦让，最好能听婆婆的教诲，在她面前承认错误，并向婆婆道歉，这样，婆婆心里肯定会觉得媳妇乖巧、懂道理，会更让她内心觉得愧疚，尽管她嘴上不说，但是内心深处肯定也会感激媳妇，感激媳妇给她留了面子，尊重了她。

袁洁自从第一次见婆婆之后，心里就对婆婆有了想法。那时，袁洁和老公准备结婚，就去见了婆婆。婆婆对未来的媳妇还算满意，但是有一点婆婆不满意，那就是袁洁的家庭条件，当时，婆婆就当面嫌弃袁洁是农村的女孩子，家庭条件差不说，还有一位残疾且未婚的哥哥。

其实，当时婆婆的话让袁洁感觉很不舒服，她也时常想让自己生活在城市，同其他城市的女孩子一样，过富足的生活，自己的父母亲人有着光鲜的工作、丰厚的收入，但是，她无法选择她的出身，更加无法让自己的家庭条件变得好起来。原本就有自卑的心理，经过婆婆这一番嫌弃，更显得自己一无是处配不上老公。当时，出了婆家的门，袁洁就同老公提出了分手的要求，但是，他们深爱着彼此，所以分手又岂是说说就能实现的，最终，袁洁还是在老公的百般劝说下打消了分手的念头。半年后，他们顺利结婚，生活在了一起。但是，袁洁心里却无法放下当初第一次见婆婆时遇到的尴尬和羞辱，她觉得婆婆当初既是对自己的羞辱，也是对自己家庭的羞辱。

这样的心结让袁洁一直对婆婆耿耿于怀，她甚至不愿意看到婆婆，可想而知，她和婆婆的关系闹得很僵，根本无法很好地相处。老公也经常开导袁洁，并要求袁洁和自己的妈妈好好相处，但是，袁洁一想到婆婆当初对待自己的样子，就无法真心去面对婆婆。同样，婆婆对于袁洁更是挑剔有加，动辄就说袁洁没素质、没教养。刚开始的时候，袁洁还能忍耐，但是，随着婆婆说的次数的增加，袁洁再也不想忍耐了，只要婆婆一说教，袁洁就顶撞，甚至有时候还破口大骂，说婆婆是巫婆、是老古董，看不起农村人。这样一来，婆媳关系处得相当糟糕，吵架成了家常便饭，最难受的是老公夹在中间两头受气。婆婆每次和袁洁吵完架就跑到儿子面前哭诉，并动员儿子和袁洁离婚，找个条件好的、懂事听话的，袁洁听到自然气不打一处来，对于婆婆的怨恨也更深了。最终，袁洁实在无法和婆婆和睦相处下去，只好和老公搬出去单过，而且两个人都有老死不相往来的架势，除非逢年过节，袁洁才象征性地去走访一下婆婆，吃顿饭，但彼此也没话说，大多数时候就像是陌生人。

袁洁和婆婆的故事让我们看到了一场家庭悲剧，其实，她们之间本来就没有任何的深仇大恨或者无法化解的冤仇，只是因为袁洁无法放下对婆婆的心结，所以才在面对婆婆的时候存有一种抵触心理，不懂得让步和原谅，这才有了婆媳二人形同陌路的结果，这不得不说是一场家庭的悲剧。那么，婆媳之间相处，尤其是当媳妇犯了错误或者婆婆以为媳妇错了的时候，媳妇应该如何做呢？

（1）尊重婆婆的说法，懂得谦让，记得认错

每个人都希望得到别人的尊重，婆婆也希望得到媳妇的尊重。婆媳之间相处，难免会出现一些问题，双方也都会犯一些错误，当然，媳妇不能因为婆婆犯了错误就揪着不放，非要分个谁是谁非，适当的时候给婆婆留点面子，毕竟人家是长辈。同样，媳妇如果犯了错误，那就不同了，一定要懂得向婆婆认错，虚心改正，即便自己原本没错，只是婆婆认为错了，也不要逞一时之快，和婆婆大吵起来，试着先冷静下来，承认错误、道个歉，这样一来，肯定会避免一场不必要的争吵，说不准还会平息一场战争呢。

（2）事情过去了，不必太计较，该怎样还怎样

婆媳之间大大小小的事情太多太多，所以，平时要学会忍让，更要学会遗忘和不在乎，对于那些不痛不痒、无关紧要的小事情，不必去在乎，也不必去费心留神，能睁一只眼闭一只眼就睁一只眼闭一只眼。而且婆媳之间对于小事不必太计较，过去的就让它随风而去，如果一直藏在心里，那么终究是个结，自己除了烦恼、纠结之外，也难免会影响到婆媳关系，过去的事情，既然过去了，就不要去计较了，懂得放下、懂得放开，这样，自己也会更轻松，生活也会更自在。

在婆婆面前虚心认错，这不仅是权宜之计，更体现出做媳妇的大度、大量。如果真的是自己错了，那么，虚心认错既可以让婆婆平息怒火，也会让婆婆觉得媳妇乖巧、懂事，更让她觉得面子十足，如果自己没错，勉强认错也还是认了，就当是演一场戏，一场让婆婆高兴的戏，再说，

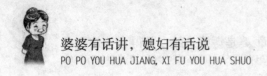

自己又不会损失什么，事后照样还是按照自己的做法去做。所以，聪明的媳妇不会当面和婆婆起冲突，更不会当面去碰钉子、惹麻烦上身。

别莫名其妙当上挑拨母子关系的"罪人"

母亲对儿子的宠爱和呵护永远都是无人能及、无人可比的，儿子是上帝赐予母亲最珍贵的礼物，也是母亲生命的延续，更是母亲所有的希望和生活的寄托。看着儿子快乐健康地成长，看着儿子完成学业、收获事业，看着儿子成家立业有了属于自己的家和孩子，应该是母亲莫大的幸福。然而，当儿子成家后，母亲又会有太多的失落及伤感，因为，儿子的生命中出现了另外一个女人，这个女人可以肆意地享受儿子的宠爱，霸占儿子所有的时间，成为儿子生活中最重要的人，做母亲的当然从内心深处对媳妇充满了不满甚至痛恨。

但是，她是儿子的选择，做母亲的无法阻止，只能忍受和接受。媳妇的到来，打破了母亲和儿子原本亲密的空间，儿子也因此少了许多陪伴母亲的时间，所以，做母亲的内心杂陈着各种味道难以诉说，只能将怨气和怒气出在媳妇身上。而媳妇呢，又何曾受过这种待遇，以前在自己父母前面，那是公主般的待遇，所有好的东西都是自己的，所有的事情都无需自己操心，她只是尽情地享受爱的呵护，有了老公，当然更希望能得到老公全部的爱和呵护，也希望得到婆婆的疼爱，但是事实却不尽如人意，婆婆对自己总不能像妈一样。

婆媳都希望自己爱着的那个男人下班回到家后陪陪自己，也都希望他能听自己的话，尊重自己的选择和想法，一旦那个男人偏向于一边，势必会造成另一边的心理失衡，心理失衡最后导致的结果要么是一场矛盾的发生，要么就是一场战争的上演。当老公向着婆婆的时候，媳妇会觉得老公再也不疼自己了，肯定是做婆婆的教唆儿子疏远自己，媳妇肯定会伤心流泪，甚至口不择言，骂自己的老公："你觉得你妈好，那你为什么当初要和我结婚，你和你妈过算了！"而老公呢，这个时候往往是百口莫辩、有苦难言。其实，他根本就解释不清楚，只能自己生着闷气，还得忍气哄媳妇，而婆婆那边，看见儿子在媳妇面前唯唯诺诺，伤心之余，更多的还是气愤，她也会恨儿子娶了媳妇忘了娘，成天围着媳妇转不说，还被媳妇使唤、呵斥，她也会指着儿子的鼻子骂："妈算是白养你了，看你这没出息的样子，一个大男人，怎么能被媳妇左右呢？男人就应该有男人的样子，娶了媳妇忘了娘不说，还被媳妇骑在头上了，成什么样子！"儿子呢，除了苦笑还能如何，他还得去哄妈妈开心，这个时候，他真的是里外不是人，恨不能找个地方藏起来。

李强自结婚以来，整夜整夜地失眠。每天周旋在妈妈和媳妇两边，累死累活不说，而且还两面受气，里外不是人。李强的老婆是他大学时期的校友，两个人自从大二就开始恋爱，感情甚笃，毕业后共同参加了工作，步入了婚姻殿堂，原本以为生活会如蜜般甜美，但是，事实却永远比理想残酷，自从新婚之夜开始，他的日子就没一天好过。

记得结婚的那天，他是那样的开心，因为终于和自己心爱的人生活到了一起，作为新郎，他也从内心深处感谢父母，是他们为自己操办了一场华美的婚宴。但是，宾客散去之后，就在他准备走进洞房的时候，被妈妈悄悄地拉到了一边，当时他以为妈妈有什么重大的事情要说呢，心里还"咯噔"了一下，但是听完他才明白，是妈妈不放心自己，不放心媳妇，将他拉到一边传授管教媳妇的经验呢！当时他喝了酒，所以迷迷糊糊的也没有完全听清楚妈妈的话，只是觉得妈妈有点啰嗦，自己都这么大的人了，跟媳妇相处还要妈妈操心。

听完妈妈的训话，他踉跄着回到自己的房间，只见媳妇已经等候多时了，问他为什么来得这么晚，他随口就说："妈找我说事，她也真可笑，居然不放心我，都这么大的人了，还当我是孩子！"李强当时只是说说而已，但是媳妇心里却觉得很不爽，随口说："你妈也太那个啥了吧，也不看看今晚是什么日子，再说，就进个洞房，她也好意思管！以后让你妈少管我们年轻人的事情！"李强知道媳妇等了半天了，心里有气是难免的，所以也没再说什么。

结婚的一个月以来，李强和媳妇新婚燕尔，自然是恩爱有加，所以很少有时间去陪自己的妈妈，这样一来，平时吃饭的时候，婆婆自然不高兴了，说的每句话都夹带着刺儿，也不给媳妇好脸色看，而且动辄就说："男人要以事业为重，不能成天沉迷于儿女私情，更不能娶了媳妇忘了娘！"当然，这话在儿子听来也无所谓，总之他了解妈妈的为人，只是随便说说，但是在媳妇听来却格外刺耳，这不明摆着说是媳妇抢了自己的儿子，让儿子疏远了当妈的嘛！

当媳妇的当然不愿意每天都听到这些话，所以就提出和李强搬出去过。婆婆听后就很不愿意，她多少年来都和儿子生活在一起，儿子突然要搬出去，她心理上肯定难以接受，气也不打一处来，没有多加考虑就扯着嗓门和媳妇吵起来了，媳妇自然也不是省油的灯，被婆婆突如其来一顿臭骂，她哪里受得了，自然也要还回去，一场战争愈演愈烈，李强站在一边束手无策，劝了媳妇娘不行，劝了娘媳妇不成。最终，媳妇在婆婆口中也成了挑拨母子关系的罪魁祸首，婆媳关系再也无法修复了，只能一天比一天糟。

　　李强婚姻的悲惨处境，归根结底都是因为婆媳无法很好地相处造成的，其实，仔细分析一下，这对婆媳都存在着一定的问题，婆婆爱管闲事，将对儿子的爱用一种近乎畸形的方式去表达，新婚之夜，哪个媳妇愿意让老公去听婆婆的教训，再说，婆婆平时说话带刺儿，而且直接将自己视为挑拨母子关系的罪魁祸首，这一罪名任谁也不想承担。而媳妇呢，也根本不懂得迁就、包容婆婆，一味地较真，得理不饶人，最终才让这矛盾越来越激化，无法化解。

　　在婆婆面前，做媳妇的做任何事情说任何话都要小心谨慎、战战兢兢，生怕说错了话，做错了事情，而且，婆婆动辄就会给媳妇扣上一顶"挑拨母子关系"的帽子，让自己无颜面对老公，无颜面对婆婆，仿佛一个家庭的罪人一般。其实，婆媳之间的这些问题归根结底都是因为她们都共同深爱着同一个男人，母亲对儿子的爱，那是媳妇无法理解和体会的，当然，媳妇对老公的爱，那也是做婆婆的无法分享和理解的。婆媳都只站在自己的立场上考虑问题，不去为对方着想，只想着得到儿子或者老公的重视和爱，两个女人只顾自己却忽略了她们爱着的那个男人的感受。

第四章 善待"双面胶",男人不是用来受夹板气的

　　自古以来,夹在婆媳战争之间的男人,除了受气就是搞得浑身伤痕,生活根本谈不上幸福美满,成天在一片吵闹声和怨声中度过,度日如年,举步维艰。他们也定然在心里有千万个后悔和无奈,后悔当初为什么要走进婚姻的殿堂,要娶媳妇,无奈自己无法化解母亲和妻子之间的恩怨,无法让家庭战争平息,无法真正幸福快乐地生活。而更多的时候,自己还要在母亲和媳妇中间做"双面胶",充当老好人,任由双方的怒气冲自己撒。

婆婆有话讲

儿子是我生的，不能娶了媳妇忘了娘

妈妈对儿子的疼爱那是与生俱来的，更是母爱最伟大的体现，尽管儿子成家娶了媳妇，但是他最亲近的还是当妈的，毕竟血浓于水，亲情永远是拆不散剪不断的感情，而夫妻之间根本就没有任何血缘关系，尽管好的时候你侬我侬、山盟海誓，可是，终究不是无法割舍的情感。不是俗语都说：夫妻本是同林鸟，大难临头各自飞。所以，做儿子的要懂得，这个世界上最亲的人是父母，尤其是母亲，不能因为娶了媳妇就忘了母亲的好，也不能因为媳妇而疏远了母亲。

儿子怎么说都是自己身上掉下来的一块肉，是自己的心肝宝贝，当妈的几十年如一日好不容易将儿子拉扯长大，娶了媳妇成了家。不管怎样，儿子都应该和妈妈最亲，我们才是一家人，至于媳妇，那只是陪伴儿子走过后半生的伴侣，没有血缘关系，说白了，无非就是为了儿子生儿育女、延续香火的机器，说好听点，是这个家庭的一分子，但归根结底只是一个外人……或许，大多数做妈妈的都会有这种想法。的确，儿子终究是母亲生的，不说儿子是妈妈如何含辛茹苦拉扯大的，就单说那十月怀胎的辛苦，也足以说明母爱的伟大和无私。母亲疼爱儿子，儿子爱护母亲，那是天经地义、无可厚非的。

然而，现实生活中，儿子一旦结婚有了老婆，两个人就会过属于自己的生活，享受二人世界的自由和浪漫，相反，放在父母身上的心思就少多了，尤其是有了自己的孩子之后，一心都会扑到孩子身上，渐渐地就忽略了父母，少了许多关怀。这样一来，做父母的心理上肯定有落差感，或许当爸爸的心胸开阔，不会计较太多，也能理解儿子的心情，其实儿子也并非娶了媳妇忘了父母，只是没有像结婚前一般有那么多的时间去照顾父母了，也并非儿子忘了根本。但是，做妈妈的难免会小心眼，大多时候妈妈都会觉得儿子有了媳妇就忘了娘，儿子只顾着和媳妇亲近，就疏远了自己，甚至会认为是媳妇在背后教唆儿子疏远自己，所以，婆婆自然会从心里对媳妇怀有敌意。

杨阿姨怀儿子的时候已经三十一岁了，属于高龄产妇，所以，那份痛苦可想而知，而且，怀孕期间巨大的妊娠反应让杨阿姨痛苦不堪，但是，一摸到肚子里面日渐长大的宝宝，所有的痛苦都算不了什么，她每天痛并快乐着，脸上洋溢着即将做母亲的幸福。

然而，更加巨大的考验还在后面，杨阿姨怀孕七个半月的时候，突然羊水破了，无奈之下，只能将孩子提前剖腹产，早产儿本来就孱弱，再加上杨阿姨是高龄产妇，孩子身体很弱，这让杨阿姨非常担忧。但是，更不幸的是，就在儿子出生半个月后，丈夫因为车祸永远离开了人世间，这种巨大的打击让杨阿姨几近崩溃，好几次她都想结束生命跟随丈夫一起去，但是，看到襁褓中鲜活的小生命，她坚强地活了下来，独自强忍着心中的无限悲哀和儿子相依为命，一过就二十年。

儿子在她的抚养下不仅上了重点大学，还找到了很不错的工作且将她接到身边一起生活，杨阿姨觉得自己很幸福，这几十年来所遭受的痛苦都抵不过儿子的孝顺，她很知足。之后，儿子成了家，媳妇也是知书达理，对杨阿姨也很孝顺，但是，杨阿姨总是无法忍受儿子和媳妇在自己面前卿卿我我的样子，也看不惯儿子每天给媳妇买好吃的零食，有时候甚至背着媳妇上楼梯。

好多次她都忍耐着没有说，但是，有一次本来就是媳妇的错，儿子却低三下四地去哄她，杨阿姨一下子受不了了，将积聚在胸中的怨气一下子爆发出来，弄得媳妇都摸不着头脑，感觉莫名其妙，当然也倍感委屈，就对老公说："妈是不是神经出了问题了，怎么好好的就乱发脾气骂人，我看要不要看看心理医生？不是上了年纪的人都这样吧？"

"我也觉得妈最近有点神神叨叨，动不动就因为一点小事大发脾气，估计她真的是神经有点问题吧，改天我们带她去好好检查下！"儿子这话不说还好，一说杨阿姨更生气了，她觉得媳妇的话让她伤透了心，但是儿子面对媳妇如此欺负自己的亲妈，不仅一点反应都没有，而且还帮着媳妇，她突然想起这些年来是如何辛苦地将儿子拉扯大，如今，儿子居然伙同媳妇一起欺负自己，杨阿姨彻底心灰意冷了，她甚至觉得自己再也没有必要活在这个世界上，因为最亲的儿子也跟自己不像从前那么亲了。她越想越觉得伤心，越伤心越觉得生活无望，终于，某一天清早，当儿子和媳妇起床后，发现杨阿姨没有做早饭，跑进卧室，看到杨阿姨的眼睛紧紧闭着，已经永远离开了人世，她是吃了大量的安眠药走的。

其实，在我们普通人眼中，杨阿姨根本没有必要因为儿子媳妇的几句话就想不开自寻短见，再说，儿子媳妇也没有说太过分的话，只是觉得杨阿姨不应该发那么大的脾气，因为根本就没有什么值得发脾气的事情。但是，对于杨阿姨而言，儿子是她生命的唯一寄托和希望，几十年来，她们母子二人相依为命，儿子就是她生命的全部，儿子有了媳妇之后,相对疏远了自己,儿子没有事事都向着她,她的绝望和痛苦在这种情况下被无限地放大了,最终,她万念俱灰的时候,就想不开寻了短见。

这个世界上没有几个妈妈愿意看见自己亲手养大的儿子去疼爱别的女人,但既然是自己的儿媳妇,既然进了这个门,就应该都当成一家人来看待,把媳妇当成自己的女儿来疼她、来爱她,那么,她自然也会对你关爱有加,也会在儿子跟前夸你的好,儿子自然也会对你更加孝顺。

小事听媳妇的,大事听妈的

在家里,婆婆是长辈,媳妇是晚辈,尽管现在社会大多数男人都患有"妻管严",可是,没有几个当妈的愿意看见儿子每天都围着媳妇转,唯媳妇马首是瞻。再说,自己辛辛苦苦将儿子养大成人,听话也应该听妈妈的,媳妇又算哪根葱?当然,有些比较看得开的婆婆不会太计较这些,但是,她们往往有个底线,那就是儿子面对大事的时候,必须听妈的,至于小事,完全可以由媳妇做主。

小事听媳妇的,大事必须听妈的,这估计是大多数婆婆所愿意接受的现状,这样一来,婆婆还是家里的主人,是核心领导,这种家庭模式和以前媳妇未进门之前并没有太大的改变,唯一改变的就是,如今小事由媳妇做主，这说明婆婆给了媳妇一定的权限，但不是完全将这个家交到媳妇手上，媳妇拥有了一定的权力，内心或许也会平衡很多。可是，大多夫妻结婚过日子，是不愿意别人掺和的，尤其不喜欢婆婆在中间替自己做主，而且，媳妇也更不喜欢自己的老公每天都妈长妈短的，凡事请教，大事小事都要汇报，听妈妈的意见，最后，由妈妈说了算。

但是，聪明的婆婆和媳妇，懂得拿捏这其中的尺度，婆婆不会完全掌控儿子和媳妇的生活自由权，但对于大事，却拥有完全掌控权，她总觉得儿子没长大，对于一些事情还不能单独处理，需要妈妈这个慈禧太后垂帘听政，媳妇毕竟还年轻，生活阅历太浅，根本无法担当儿子的军师。而媳妇呢，因为尊重婆婆，不想因为这些事情而闹得不可开交，婆婆愿意管就尽管管吧，自己倒落得清闲，再说，当妈的对于儿子不会怀有恶意，她也是因为疼爱关心儿子。

孟瑶属于典型的80后孔雀女，长相一般，但心地善良。大学毕业后，在大城市找到了不错的工作，也遇到了自己生命中的另一半，两人打拼多年，买了房子，安了家，也把农村的婆婆接到了一起生活。

刚开始的时候，孟瑶有点纠结，因为据她了解，婆媳生活在一起经常会出现一些矛盾，她也担心自己无法和婆婆相处融洽，但是，纠结归纠结，接婆婆一起生活是无法改变的事情，为此孟瑶专门温习了《媳妇的美好时代》，向毛豆豆取了经，现学现用，居然婆媳关系也相处得很融洽。

孟瑶不会做家务，平时做一道菜也是不咸不淡的，洗衣服、打扫卫生也是最让她纠结的事情，还好，婆婆很体贴她，说是媳妇平时上班就很累了，下班了就应该好好休息，婆婆在这方面很迁就媳妇，所以这也是她们婆媳之间相处和谐的一个因素。

婆婆很疼自己的儿子，总觉得他压力太大，所以平时周末的时候，总让他多休息，而且喜欢让他陪在身边拉拉家常，说说体己话，每到这个时候，孟瑶或多或少都有点吃醋的感觉。另外，但凡是家里的大事情，婆婆总让儿子听她的，还说："家里的小事就由媳妇说了算，但大事必须要一家人商量才能决定。"对于这点，孟瑶也觉得可以接受，毕竟婆婆是长辈，大事情面前听听她的意见总归没有错，再说都生活在一起，有事找婆婆商量也是对婆婆的尊重。

而婆婆呢，当然也对媳妇的乖巧懂事很欣赏，内心深处也就更疼爱媳妇了，平时的家务活她基本全包了。不过婆婆也有自己的精神世界，她喜欢看娱乐节目，每当这个时候，她是不喜欢别人打扰她的，媳妇当然也很自觉，从来不和婆婆抢电视。

孟瑶和婆婆之间之所以相处得如此融洽，其实最重要的一点就是相互迁就，婆婆没有因为孟瑶不会做家务而嫌弃她，而是站在孟瑶的立场上理解、包容她，她上班累，所以婆婆愿意包揽一切家务。同样，孟瑶也尊重婆婆，尊重她的精神世界，更重要的是，孟瑶乖巧、听话，从不因为老公听妈妈的话而吃醋或者对婆婆有意见，因此，她们婆媳之间可以很好地相处，相安无事，不会因为一点小事就大吵大闹。其实，从孟瑶和婆婆的相处中，我们或多或少得出了一些婆媳相处之道，作为婆婆，在家里要做到绝对的核心领导地位，就必须明白以下几点：

（1）做好心理准备

婆婆们大多都有共同的心理，总担心儿子"娶了媳妇忘了娘"，在她们的心目中，儿子永远都是自己的宝贝，自己和儿子的关系应该一直都是最亲密的，但事实上，好多男人结婚之后，婚姻关系比血缘

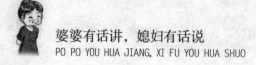

关系更亲近、更紧密，母子关系也会因此而发生变化。婆婆们一定要做好心理准备，要经得起自己和儿子之间亲密关系的转变，另外，更要经得起媳妇的到来发生的其他改变，比如因为观念不同而产生的分歧甚至反对，假如婆婆无法接受这些转变，就会认为是媳妇的到来破坏了家里原本的规矩，影响了自己和儿子之间的关系，这样的想法，就是婆媳产生隔阂的开始。

（2）期望值越大，失望越大，心理越容易失调

婆婆对媳妇的期望往往与她和儿子的关系成正比，母子关系越好，婆婆对媳妇的期望值就会越大，假如婆婆第一次见媳妇感觉很不错，但是当媳妇真的进门之后，才发现媳妇并非自己想得那么好，甚至有许多坏习惯和坏毛病，这样一来，婆婆内心的失望可想而知，就难免会对媳妇产生看法，而且这种看法一旦形成，就很难改变。因而，婆婆不要对媳妇报太大的期望，不要奢求媳妇是完美的，这样自己的心里反而会好受些，而且，更容易接受媳妇的一些问题。

儿子长大了，有了属于自己的生活，但是，儿子在妈妈眼中永远都只是孩子。在家里，当妈妈的还得替儿子拿主意，在一些大是大非面前，我喜欢儿子来征求下当妈的意见，平时鸡毛蒜皮的那些小事，我才懒得管，儿子爱听媳妇的就听媳妇的吧，犯不着为一些小事和媳妇闹矛盾。其实谁都清楚，媳妇婆婆发生矛盾，最难做的还是自己的儿子，儿子已经那么辛苦那么累了，我这当妈的权当是心疼儿子，也要跟媳妇好好相处，常言说得好，家和万事兴嘛！

自立门户，儿子也必须占主导地位

现代社会，大多数年轻人都倡导自由、喜欢独立，所以，大多数人结婚后都比较喜欢自己单过，很少喜欢和老人生活在一起，毕竟老年人同年轻人相比而言，有太多的不同，不管是生活习惯、观念和思维方式，都存在着巨大差异，这种差异性导致了许多矛盾的产生，所以，为了避免矛盾，最好的方式就是不在一起生活。儿子媳妇可以经常去看望父母，逢年过节去团聚一下，各自不干涉各自的生活。可是，尽管儿子媳妇出去自立门户了，但是，当妈妈的还是希望儿子处于主导地位，而非媳妇说了算。

分开来单过的婆媳之间，明显少了很多摩擦和矛盾，毕竟她们没有生活在一起，许多时候不会出现正面冲突。再说，相互不干涉自由，很少接触，也就少了许多矛盾，即便偶尔有点不愉快，但是双方都因为不经常生活在一起而多了些忍耐、迁就和包容。其实，在一定程度上，这种相处模式更容易让人接受。毕竟自立门户，自己单过，双方都可以遵从自己的生活习惯，不用为了对方而去改变什么，双方都有足够多的自由和空间过属于自己的生活，少了对方的干涉，乐得逍遥。

当妈的尽管同意儿子媳妇搬出去单过，但是，她总还是无法完全放心，所以，她会时不时地打听一下儿子的生活现状，当见到儿子的时候，总会将儿子叫到一边问长问短，其实，主要还是想了解一下媳妇到底是不是真的对儿子好，是不是能照顾好儿子的饮食起居，儿子是不是总听媳妇的话……当然，当妈的每次见到儿子，都会认真仔细地观察下，看儿子是胖了还是瘦了，胖了的话，自然不会说什么，但瘦了的话，肯定会怨媳妇没有将儿子照顾好。她也会时常教儿子一些经验之谈，比如，作为男人要掌管好家里的一切事物，不能凡事都以媳妇为中心，不能媳妇都说了算，尤其是在大事情上，而且，不能老惯着媳妇，要适当地给她点颜色看等等。

陈霞和老公都是公务员，结婚后就自己单过，公婆在农村，平时只有逢年过节一家人聚一聚，其余的时间几乎很少见面。当然，这种婆媳相处的方式反而比每天抬头不见低头见的婆媳相处方式要好很多。所以，陈霞结婚二十几年了，从没有和婆婆红过一次脸，至于婆婆呢，总觉得自己的儿媳各方面都很优秀，这也是她一直以来最自豪的事情，每当其他婆婆数落自己媳妇的时候，她总是会说："还是我命好，媳妇很乖巧，这些年来一直都很孝顺，也没有顶过一次嘴！"

其实，陈霞之所以是婆婆眼中的好媳妇，最主要的是她在家里一切都听老公的，老公是家里所有事宜的决策者，她只是执行者。在对待公婆方面，她不论是在经济方面还是在其他生活的各个方面，都以老人的意愿为标准，从不会存有私心，逢年过节她都会买上礼物送给公婆，公婆的衣服都由她亲自挑选，而且，每次给家里钱，老公都让陈霞去给公婆，这样的媳妇当然深得婆婆欢喜。

然而，相处再好的婆媳，也难免会出现一些问题，陈霞和婆婆尽管表面上一直风平浪静、和和气气，但私下里，相互也曾有过怨言。陈霞就一直看不惯婆婆小气，每次只要婆婆知道陈霞给自己娘家亲妈亲爸拿了钱、买了东西，婆婆总会拉着脸将儿子叫到一边去训话。为此，陈霞觉得很委屈，总觉得爸妈将自己养大不容易，孝敬一下没错，再说，她从来都很公平，甚至每次都会给公婆好的，给自己爸妈的倒无所谓，但婆婆还是不高兴。

陈霞在家里也没有掌控财政大权，一切都由老公掌管，她好几次发现老公背着自己给公婆零花钱，这点也让她很伤心，可是，为了家庭的安宁，为了不破坏夫妻感情，陈霞只好忍耐，同样，她也学会了自己攒点私房钱，这样一来，见到自己的爸妈，她也偷偷地给点，明着的老公知道，暗地里的谁也不清楚。这样的解决方式，让他们一直和睦相处着。其实，她们之间相处融洽，还有一个原因，那就是陈霞和婆婆都属于那种忍耐性极好的人，婆婆是60年代出生的人，思想观念很传统，以前自己做媳妇的时候本身就很能忍耐，而陈霞在那种家庭大环境之下，为了顾全自己，也为了面子，总结出一个不二法则，那就是忍耐，所以，她们几十年来的相处总体上很和睦。

当然，在现代社会，诸如陈霞这样的情况并不常见，也没有几个媳妇愿意像陈霞那样不仅善良，而且有那么好的忍耐性，甚至在家里只处于从属地位，不去干涉家里的财政大权。陈霞的这种态度，在一定程度上也可以让自己落得清闲，而且，刚好可以迎合婆婆的心思，她自然而然成了婆婆心目中的好媳妇，也成了亲戚朋友眼里的好媳妇榜样，她自己得了好的名声不说，还少操了许多闲心。然而，现实生活中，又有几个媳妇能做到这些呢？假如每个媳妇都能像陈霞那样，或许，就会少了许多婆媳战争，多了许多家庭和睦。

相处之道

自古以来，男人都是家里的决策者，尽管现代社会一切都改变了，

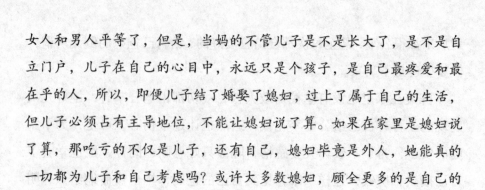

女人和男人平等了，但是，当妈的不管儿子是不是长大了，是不是自立门户，儿子在自己的心目中，永远只是个孩子，是自己最疼爱和最在乎的人，所以，即便儿子结了婚娶了媳妇，过上了属于自己的生活，但儿子必须占有主导地位，不能让媳妇说了算。如果在家里是媳妇说了算，那吃亏的不仅是儿子，还有自己，媳妇毕竟是外人，她能真的一切都为儿子和自己考虑吗？或许大多数媳妇，顾全更多的是自己的娘家。

媳妇对我不好，儿子不能坐视不理

自从媳妇进了门之后，一切都变了，儿子再也不会像以前那样围着当妈的转了，而是成天围着媳妇转，媳妇说一他不敢二，媳妇说东他不敢往西，也没有太多的时间陪自己的妈了，更多的时候，儿子和媳妇享受属于他们的二人世界，成天卿卿我我，腻在一起，当然，当妈的看见儿子幸福快乐打心眼儿里开心，但是，也难免有点失落。更加让人受不了的是，媳妇一来到家里，就像女皇一般，不仅家务活一点都不做，而且对于婆婆也指手画脚，饭菜稍微不合胃口就发脾气，撂了筷子出去吃，当妈的当然伤心了。更加让人伤心的是，儿子居然顺着媳妇，任由媳妇作福作威却坐视不理，这天理何在、公道何在？

或许，当媳妇对婆婆不好而儿子坐视不理的时候，没有几个婆婆能做到淡定和冷静，甚至恨不得当初没有生儿子，没有娶媳妇。对儿子的失望和伤心估计也是一时半会儿无法用言语所能表达的。这时婆婆更加怨恨的人就是媳妇，是媳妇的到来改变了儿子，改变了家里的一切，也改变了自己在儿子心目中的位置，儿子再也不会将妈当作生命中唯一的女人来疼爱了，相反，媳妇成了儿子生命中最重要也最珍爱的女人。

所以，当媳妇进门之前，或许当妈的就对儿子三番五次地申明过，"如果媳妇对妈不好，儿子你一定不能坐视不理，你要站在妈的立场上，好说歹说你都是妈好不容易拉扯长大的！"或许儿子都会说："妈，您放心，不管任何时候，您都是我妈，我不站在您身边站在谁身边啊！您就不要担心了吧，我也一定让媳妇好好孝顺您！"当然，儿子说这样的话，当妈的心里肯定会很开心，觉得儿子长大了，尽管要娶媳妇了，但还是会顾及妈妈的感受。

姚倩自从第一次见公婆，就觉得婆婆不是省油的灯，而且婆婆对于自己没有正式的工作很介怀，在婆婆眼中，除非是国家公务员才算得上体面，其余的都是打工的，没有什么出息，当然，她的儿子也不是公务员，但人家是一家IT公司的编程人员，有不菲的收入，而姚倩只是一家百货超市的收银员，难怪婆婆不满意。但是，婆婆再怎么不喜欢都是白搭，因为儿子喜欢，而且就认定了非姚倩不娶，当妈的自然只能勉强同意了这桩婚事。

姚倩进门后，自然无法很好地同婆婆相处，只要是在老公面前，姚倩总会表现出一副十分懂事乖巧的样子，但是，只要老公一不在身边，姚倩对婆婆又是另外一种态度。有一天，婆婆刚买菜回家，就有人送来一束花，上面还附有一张卡片，她很纳闷，打开一看，上面写着："亲爱的倩，我一直都无法忘记你，自从你离开我之后，我后悔极了，得知你结婚的消息，我很伤心，我也很想你，我还一直爱着你，如果你还念在以前的情分，请今晚八点务必在老地方见面！爱你的辉！"婆婆看完这些后，大致明白了些什么，她气愤地坐在沙发上等待姚倩回家，准备问个清楚。

姚倩下班后，同往常一样回到家里，看到婆婆阴沉着脸坐在沙发上，只是问了声："妈，你坐那儿干吗，看起来不开心！"随后就进了洗手间。等她洗了手出来，"姚倩，你给我站住，我问你，这是怎么回事！"婆婆怒气冲冲地将卡片扔在姚倩面前。姚倩捡起来随便看了看，无所谓地说："这有什么啊，你总不会觉得我和别的男人在交往吧，我可是只有你儿子一个男人，至于这个人，或许是我以前的哪个朋友，跟我开玩笑呢！"姚倩故意将事情说得云淡风轻，一副无所谓的表情。"跟你开玩笑，姚倩，你不要当我是傻瓜，也不要当我儿子是傻瓜，你今天必须把这件事情给我说清楚了，不然我会一直盯着你，和你没完！"婆婆气不打一处来，她原本以为姚倩会觉得羞愧，或者会解释点什么，没有想到她居然是这种态度。

"你也太顽固了吧，现在都什么社会了，哪个女人还没有个朋友，至于吗你！"姚倩听了婆婆的话，不屑一顾地说。"你马上给我说清楚，而且保证再不要和别的男人有瓜葛，不然我告诉我儿子，让他跟你离婚！"婆婆气得口不择言。"随便你呢，看你儿子相信我还是相信他妈！咱们走着瞧！"姚倩在说这话的同时，顺手将卡片撕成了两半，婆婆看见后，要去抢夺姚倩手中的卡片，但是姚倩向旁边一躲，并顺势将婆婆推了一把，婆婆本来就年纪大了，脚下一个不稳，扑倒在地上，头刚好撞在地上，而姚倩看到婆婆倒在地上，居然不去拉一把，而是自己回了卧室，戴上耳机听歌去了。

婆婆好不容易自己爬起来，揉着被撞的头，阵阵隐痛，心里也很不是滋味，想着哪有媳妇这样对待婆婆的呢，也怨自己的儿子娶了如此蛮横的媳妇，如今给自己戴绿帽子不说，还出手推婆婆，但是，她现在和姚倩说不清楚，她要等儿子回来了再理论。于是，儿子一进门，她就说："儿子，你管管你那媳妇吧，她在外面勾三搭四、不守妇道不说，居然还出手推我，你看我的头都被撞了！你再不管她，就不要认我这个妈了！"婆婆边说边哭道。

"妈，你说啥呀，姚倩她不是那样的人，我相信她，她不会做对不起我的事情，更不会推你的，你太夸张了吧！"儿子听到妈妈说媳妇的不好，觉得很不可思议，媳妇在他眼中一直乖巧懂事，所以，他根本就不相信妈说的话。妈妈听了儿子的话，伤心极了，也快气死了，于是破口大骂："你个白眼狼，不孝子，妈算是白养你了，你不相信我说的话，还护着媳妇，明明是她自己勾三搭四被我抓住了，还推我，你却不相信，你宁愿相信这个狐狸精也不相信妈，以后，我也就权当没有生你这个儿子！"婆婆一边哭着，一边跑进卧室，关上门独自一人伤心。

"你给我说说，到底是怎么回事？"看着自己的妈如此伤心生气地回了房间，儿子将目光转向自己的媳妇，并大声质问道。"老公，妈真的冤枉我了，不知道是谁送来的花，妈就说我和别人有染，我解释不清楚，就自己回房间了，其余的我真的不知道，老公，你要相信我，你一定要相信我，不然我真的会伤心死的！"姚倩看到老公生气的样子，随即撒娇道，她心里很清楚，婆婆没有证据，拿她也没有办法，老公肯定不会相信他妈的一面之词。"好了，我相信你，走吧，去吃饭去，以后再不要惹妈生气了！"看到姚倩撒娇，他也消气了，再说，他根本就不相信自己的媳妇会背着自己勾搭别人，肯定是自己的妈妈太敏感，误会了姚倩。

看了故事中的婆媳，我们或许在为婆婆打抱不平的同时，也会觉得媳妇太过狡猾，对婆婆太过分了，当然，也会为他们以后的日子担忧。谁都看得出，姚倩根本不是那种安分的媳妇，虽然说仅仅凭借一张卡片和一束花确实不能证明什么，但是，就看她对婆婆的态度和对老公欺瞒事实这两点，足以看得出，以后的日子，不仅是她的婆婆，还有她的老公，都必然被她玩弄于股掌之间，而且，婆婆和儿子之间的关系，也会因为她而变得更加糟糕。

对于婆婆而言，如果总觉得自己的媳妇对自己不好，那么，不能光从媳妇身上找问题，也应该从自己的身上找原因，或许是你们中间有误会没有澄清而已，找一个合适的时间，跟自己的媳妇好好谈谈心，如果媳妇明事理的话，那么，一切矛盾都会烟消云散了。

媳妇有话说

"两人掉河先救谁"的问题少问

儿子照顾、疼爱自己的妈妈是天经地义的事情，也是作为一个男人应该有的最起码的伦理道德。父母将自己养大成人，尤其是当妈妈的，从十月怀胎到成长过程中的每一阶段，无时不将母爱无私地奉献给儿子，将所有的精力和时间都投入到儿子和家庭身上，自己却一天天地容颜老去、憔悴不堪。眼看着儿子成家立业，娶了媳妇有了属于自己的生活，当妈的自然开心不已，但同时也忧虑重重，因为自古婆媳仿佛是情敌，相互敌视不说，而且动辄就吵吵闹闹，甚至大打出手，为了一个共同爱着的男人，闹得不可开交、鸡犬不宁。

至于媳妇，进了婆家的门，所有的一切都跟以前不一样了，婆婆不会像亲妈那般宠爱迁就自己，自己再也不能像公主一般过着优越的生活了，甚至还要伺候婆婆，伺候老公和家人，这样巨大的转变，的确让媳妇们一时半会儿无法接受，许多时候媳妇们都会觉得，婚姻说白了就是埋葬爱情的坟墓，结了婚所有的一切都变了，和老公之间的

爱情变成了亲情，又多了一个不是亲妈却要管人家叫妈的婆婆，而且动不动婆婆就用一种敌视的目光审视自己，动不动就用家规管教自己。而自己平时还要恪守妇道，行为检点，稍有不慎就会遭到婆婆的严加盘问和管教。老公也总是站在婆婆一边，不仅要求自己孝顺婆婆，而且还要听婆婆的话。

媳妇自然有媳妇的委屈和诸多苦水，但是，既然选择了婚姻，做了媳妇，就应该试着好好做媳妇，好好做妻子，也不要老是怀疑老公对自己的爱，更不要老是问一些类似婆婆和自己掉进河里，老公先救谁的问题，既然选择了他，就应该相信他是爱你的。学会孝顺公婆，体贴老公，尽量不要和婆婆有冲突，这样，不仅是为了老公着想，更是为了自己的日子好过着想，也只有这样，自己的婚姻生活才会更加幸福，生活才会过得有滋有味。那么，作为媳妇，究竟该如何做呢？

（1）不要总给老公出选择题

对于一个男人而言，妈妈是他生命中的第一个女人，也是最重要

的女人，妈妈在儿子心目中，占据着最重要的地位，也是其他女人所无法相比和替代的。妻子是男人生命中第二个最重要的女人，是他所钟爱的女人，他将所有的爱和柔情都给了她，她也是陪伴自己一生的女人，当然，在男人的心目中，妻子的位置也是别人无法替代的。但是，做媳妇的却往往没有认清楚这一点，不懂得男人的心思，一味地让老公在自己和亲妈之间作出选择，甚至幼稚地问一些类似自己和婆婆两个人掉进河里，老公会先救谁的弱智问题。其实，这一类的问题，是男人最不好回答的问题，亲妈和妻子掉河里，肯定最着急的是男人，他救谁不救谁都觉得为难，但不管救任何一方，就得放弃另一方，让他选择，定然心会很痛。所以，媳妇千万不要给老公出这类选择题，既然嫁给他做了妻子，就应该充分相信他对自己的爱，不要无缘无故去吃醋，不要和自己的婆婆去争宠。老公对于亲妈的爱和对自己的爱，那根本就是两种意义的爱，尽管程度差不多，但是方式绝对不一样。

（2）不要在老公面前说人家妈的坏话

妻子永远不要在老公面前说婆婆的坏话，哪怕婆婆有多么不好，哪怕做儿子的也知道自己的亲妈存在着很多问题，甚至，老公有时候也会说自己的妈有点过分，但是你永远也不要说。毕竟，婆婆是将老公拉扯长大的人，和老公有着无法割舍的亲情，老公说自己的亲妈那或许是出于爱，是一时发牢骚，但是，如果这话从媳妇嘴里说出来，那就不一样了，老公会觉得心里不爽，毕竟不管怎么说，婆婆是人家的亲妈，谁又愿意别人说自己亲妈的坏话呢？做媳妇的，尽量在老公面前说当婆婆的好话，他心中自有公正，平时婆媳之间的事情，他比谁都看得清楚，媳妇说婆婆的好话，不仅会显得媳妇大度，有教养，更会让老公有面子，他觉得媳妇懂得给他留面子。这样，不仅有利于增进夫妻感情，也会让老公更加疼爱自己。

（3）将婆婆的事情当成全家的大事情

一般情况下，对于婆婆交代的事情，媳妇最好能上心，不然老人总会在心里纠结着。人老了，性格就变了，往往会变得有点孩子气。尤其对于她吩咐的一些需要做的事情，答应之前要慎重，如果觉得有难度，就不要逞能，如果答应了，就千万不要敷衍了事，必须将这件事情当成全家的大事情去执行，她可是一直盯着你呢！如果做好了自然很好，做不好的话，就会影响你在婆婆心目中的形象，当然也会影响到婆媳之间的关系。

女人都想知道自己所爱的人到底有多爱自己，尽管她也知道他是真心爱自己的。可是女人总喜欢一次次地求证，所以才有了"两人掉河先救谁"的问题。其实，男人在妻子和母亲面前扮演的是两种不同的角色，肩负的是两种不同的责任，但最终都会归结到亲情上来，相信他，他很爱你，他也很爱他母亲。

退让一步，丈夫会感激你

每当婆婆和媳妇因为一些事情吵得不可开交的时候，或许最难做的就是夹在她们中间的男人，作为儿子和老公，他深爱着自己的妈妈和媳妇，他最期望看到的就是婆媳关系融洽，一家人和睦相处，他再苦再累也会撑起一个家，也会为自己所爱的家人奋斗。可是，当媳妇和妈无法好好相处的时候，他就像双面胶，受着夹板气，劝也不是，不劝也不是，而且稍微不小心就会被扣上"有了媳妇忘了娘"的帽子，或者动不动媳妇就会骂："你就会向着你妈，你和她过算了"。其实，更多的时候，假如媳妇和婆婆能彼此退让一步，给男人个面子，他会从心里感激你们。

其实，婆媳之间没有什么深仇大恨，也没解不开的结，一家人过日子难免磕磕碰碰的，遇到问题要懂得去寻找合适的方式解决，不要动不动就大声嚷嚷，动不动就闹得硝烟滚滚、战火连连，整个家庭也无法安宁，而且，最难受的就是夹在中间两面受气的男人。试想一下，婆媳吵架，尽管很大程度上是因为她们彼此都重视的男人，可是，男人到底是没有什么错误的，他平时忙于工作，为了家庭奔波劳累，已经够辛苦了，回家后还要面对婆媳之战，自己还要在中间巧妙调解，甚至将所有的错误都揽在自己身上，哄好了妈又得哄媳妇，还得准备好将自己的衣领借给她们揩鼻涕，他真的够累够忙活的。

每当这个时候，男人心里最期望的肯定就是媳妇和妈妈都能迁就一下对方，都能退让一步，退一步海阔天空，只要双方都能稍微退一步，战火就会熄灭，家也会恢复往日的安宁。当妈的毕竟是长辈，儿子只能将更大的希望寄托在媳妇身上，他会试着劝说媳妇不要再顶嘴了，最好还能给妈妈道歉，假如媳妇能做到，那么战火肯定会平息，婆婆也会慢慢消气，男人更会从内心深处感激媳妇，并且发誓以后会更加好好地疼爱媳妇，如果媳妇仍然不依不饶，非要和婆婆争个你死我活，那么，最伤心的或许也是男人了，他会觉得此刻面前的媳妇，再也不是他当初认识的媳妇，怎么转眼就变成了泼妇，也会觉得媳妇太自私，根本不懂得为别人着想。同样，他会对媳妇很失望，失望之余，他或许会将自己关在房间里生闷气，或者直接夺门而去，丢下媳妇和妈妈，让她们爱怎么闹就怎么闹。

西美是一档知名节目的主持人，平日里工作很忙，压力也大，每次在公司遇到不顺心的事情，她总会将情绪带回家里，凑巧的是，西美的婆婆是一位麻辣婆婆，心直口快，有什么不顺意的总会说出来。一次，西美在公司受了委屈回来之后，不仅拉着脸，而且直接拎着一瓶洋酒喝起来，婆婆看见后，自然很不开心，就嚷嚷："谁又惹你生气了，拉着脸不说，还喝酒，又想要酒疯啊！"

"妈，您就不要管我了，我实在是受不了了，我要崩溃了，您能不能不管我！"她听到婆婆的话后，突然觉得所有的委屈都涌上心头，她再也无法控制，于是也大声地吼起来。

"你每天发哪门子神经，有事没事就知道喝酒耍酒疯，你把家里当成什么地方了，要耍酒疯你出去耍去，要不回你们家耍去！你给我滚！"婆婆听到西美的话，怒吼道，并且将西美拽起来，往门外推。

就在这个时候，西美的老公推门进来了，看见家里的这番架势，他心里清楚发生了什么事，于是说："妈，又怎么了？是不是西美又惹您生气了？西美，你怎么回事，怎么这么不懂事呢，惹妈生气干吗？有话不能好好说吗？"

"老公，你妈总是对我不满，我做什么都无法让她称心如意，我容易吗？我知道，我是什么家务都不会做，工作忙，老是顾不上家，你妈老嫌弃我，但是，我一直在努力试着从其他方面补偿啊，只要是她喜欢的东西，我都会给她买，她喜欢吃的，我尽数给她带回来，还要我怎么样？我喝点酒她就火成这样！至于吗？"

"你还有理了，你还有脸说，是谁上次喝酒耍酒疯，吐了一地不说，还把我最喜欢的花瓶打破了，说你耍酒疯有错吗？"婆婆听到西美说的话，更加怒不可遏，一想起上次西美喝酒耍酒疯砸了她最心爱的花瓶，她就恨不得将她揍一顿。

"好了，西美，你就不能少说两句吗？不管怎么样，妈是长辈，你让着她点总归是对的！"男人无奈地说，此刻，他多希望西美和妈妈能就此打住。"你每次都向着你妈，那我算什么？我算什么？"西美大吼道。

"疯子，十足的疯子！"男人一气之下夺门而出，他再也不想回到这个家了，这哪里像个家，十足的战场嘛！

其实，面对西美和婆婆这样的架势，做儿子和做丈夫的，肯定是最伤心的一个，媳妇和妈妈都是自己的家人，是自己生命中最重要的女人，他所期望看见的就是她们和睦相处，而非大吵大闹，他原本想劝劝，但是媳妇不听他的，无法理解他的一片苦心，他并非向着自己的妈妈，不管如何，妈妈都是长辈，他总不能说妈妈的不对吧，既然他说什么都是白搭，那还不如干脆不管算了，总之，他惹不起，只能躲出去。

假如真的和婆婆发生了矛盾，甚至吵了起来，千万要试着冷静下来，大吵大闹是没有用的，无法解决实际的问题，却只会将矛盾激化，让原本容易解决的小事变成难以收场的大事。再说，夹在中间最难做

的就是自己的老公，所以，这个时候只要老公出面劝架，就赶紧见好就收，给老公一个面子，给婆婆一个台阶，也给自己一个台阶。哪怕老公让你道歉，你也听他的话吧，道歉又不会让你损失什么。这样一来，老公也会因此而感激你，而且，在你给他机会的同时，也为自己留了后路，要知道，你的好，他一定会记得！

想唠叨就唠叨老公，但别唠叨婆婆

生活本就是一个五味瓶，酸甜苦辣咸应有尽有，居家过日子也一样，所以，不管多美好的爱情，当步入婚姻生活转变成柴米油盐的琐碎后，一切美好都将渐渐隐退，生活的烦恼和负累接踵而至，面对嘈杂的世界，难免有太多的怨言和唠叨。尤其是对许多媳妇而言，结婚之后，一切都变得和以前不一样了，不仅要每天面对家里的大小事宜，还要去努力工作赚钱，甚至还要面对刁蛮严厉的婆婆，所有的事情，真的让人头痛不已，烦躁不已。但是，尽管如此，你也不要在婆婆面前唠叨，想唠叨就唠叨老公吧。

婆婆和老公不一样，她不仅是长辈，而且不管是在思想观念还是人生观、价值观方面，都同媳妇有很大的差异，她未必能做到完全理解媳妇、明白媳妇的心思、懂得媳妇的处境，所以，即便媳妇有多大的委屈，有多少烦恼，有多少不满，都不要在婆婆面前唠叨，她不会觉得你的唠叨只是为了发泄一下，只是为了寻求一点点安慰，并没有其他的意思，或许，她会觉得你那些牢骚是针对她而发的，会觉得是自己让你有那么多怨言，这样一来，她内心肯定会不好受，甚至直接与你发生矛盾和冲突，所以，聪明的媳妇想发牢骚的时候，也只是在自己老公面前说说而已，绝对不会在婆婆面前唠叨。

同样，婆婆毕竟不是亲妈，她只会更加宽容和疼爱儿子，她之所以迁就媳妇，是因为太疼爱自己的儿子了，所以爱屋及乌。但是，她也会因为太爱儿子而无法迁就媳妇，甚至对媳妇充满了敌意和不满，不管你面对的是哪种婆婆，都要记得，婆婆就是婆婆，不是亲妈，也不是老公，不是知己朋友，也不会是什么话都能说的人，所以，即便你有再多的委屈和牢骚，也不能在她面前唠叨，你可以去找老公唠叨，可以去找自己的好朋友唠叨。

杨敏结婚后和婆婆生活在一起，因为她和老公都是普通的工薪族，工资不高，公婆也没有什么养老金，而且，一家五口每个月花销都很大，所以，杨敏一直都有很大的压力，而且，工作压力也大，所以，她平时都绷紧了弦，很少有时间放松，也不像其他人那样活得潇洒和自由。

俗话说，贫贱夫妻百事哀，生活上的不顺心加上工作压力，杨敏经常和老公吵吵闹闹的，当然，他们也只是背着公婆吵，不过还好，吵归吵，日子还要过，生活的压力和负担还要他们两个人共同承担和面对。这样的日子持续了一段时间后，杨敏和老公商量着应该找个出路了，这样下去，压力只会越来越大，孩子也在逐渐长大，花销在不断增长，物价也在快速飞涨，仅仅依靠他们两个人微薄的薪水，根本难以负担一家人的生活开销，权衡之下，他们俩准备用现在住的房产作为抵押，向银行贷款，投资做点小生意。

刚好有同事说基金收入稳定，很不错，所以杨敏和老公商量之后，将从银行贷来的几万块钱全部投入到了基金中去，但是，不凑巧的是，就在他们投进去的半年时间里，基金市场一直处于低迷状态，他们投进去的资金没有赚钱不说，而且转眼几个月就赔进去了差不多一万块，看到那些钱在逐渐缩水，杨敏和老公后悔得要命，但是，即便狠狠地拍胸脯也无济于事，眼看着银行还款的期限快到了，他们只能干着急。

一天，杨敏无意中对着婆婆发了几句牢骚，也就说了几句现在物价涨得厉害，自己工资又低，家里花销太大，还不如辞了工作做点生意之类的话。她也只是说说而已，但是婆婆却想歪了，她觉得杨敏是专门说给自己听的，当时，婆婆就一声不吭地进了自己的房间。杨敏也没有太在意，但是，之后的时间里，杨敏发现婆婆总是用塑料袋子往家里提东西，于是就好奇地问："妈，你袋子里装的都是什么？"

婆婆只是笑笑并没有说什么。后来杨敏让老公去问一下，她才知道，原来婆婆是去捡饮料瓶子了，因为听说一个瓶子可以卖一毛钱，所以就去捡了准备卖钱。儿子觉得家里还没有到这种程度，犯不着自己的妈妈去捡垃圾，但是婆婆就是坚持要去捡，并且说自己没有养老金，没有收入，不能拖累儿子媳妇了，要自食其力。但是，以前不是也一直那样过吗？儿子很纳闷，于是再三追问他妈妈，最终才找出了问题的根源，原来事情的起因就是因为那天杨梅的几句牢骚，婆婆居然觉得杨梅是故意说给自己听的，伤心之余，她准备捡垃圾赚点零花钱。

看完杨敏和婆婆的故事，或许我们的内心或多或少会感觉到一些悲哀，其实，面对生活，有许多人都无能为力，生活太现实了，现实到我们无法去朝着自己梦想的方向或者方式去走，只能被生活牵着被动地走，压力、负担、责任等等，将我们生活中许多的欢声笑语和美好的东西都消磨殆尽，留给我们的只有无尽的烦恼和痛苦。但是，这些都是我们选择的生活，也都是我们必须面对的，我们只能接受、只能忍耐。做媳妇的当然也有更多的烦恼和负担，面对生活的种种挫折、困难、烦恼和苦闷，更多的时候需要宣泄，也需要倾诉，可是，婆婆绝对不是我们最好的倾诉对象。每当有烦恼的时候，最好找自己的好朋友，要么自己的老公，你在他们面前唠叨，唠叨完了也就完了，不像在婆婆面前，唠叨完了会有许多麻烦和意想不到的事情。

相处之道

　　面对生活中的烦恼和苦难，更多的时候是老公能和你分担，既然你们选择了一起生活，就应该一起承担起所有生活的重担和压力，还有责任和负累，而且，当你累的时候，他永远是你最坚实的依靠，当你有烦恼忧愁的时候，试着对他敞开心扉，诉说你的苦闷、你的无奈、你的伤心甚至绝望，他会拭干你腮边的泪水，会敞开胸怀接纳你的所有宣泄，但是，千万不要当着婆婆的面去唠叨、去抱怨生活、去怨叹命运，她只会觉得是你没本事，或者，是你在故意说给她听。

婆婆面前替老公出头，越帮越忙

　　当妈妈的对自己儿子的爱是无人能比的，当然，当妈妈的管教自己的儿子，那也是天经地义的，所以，当媳妇遇到这种情况，千万不要插手，不要去问为什么，更不要去为老公打抱不平，你只需要静观其变，就会发现，他们母子闹得再凶，婆婆哪怕将儿子骂得一无是处、体无完肤，那都是出于爱，出于一种恨铁不成钢的痛，骂过了，
　　教训完了，她比任何人都心痛、都后悔，她只是希望儿子能更加

懂事、更加争气一点。假如做媳妇的在这个时候去插手,或者替老公说几句话,肯定是不仅帮不上任何忙,而且会将事情搞得更加糟糕。

每一个孩子不仅是在父母的万般宠爱和呵护下长大,更是在父母无数次的教训,甚至批评之下逐渐长大的,如果将每一个孩子比作一棵小树苗,那么,它不仅需要阳光雨露的滋润,也需要园丁不断地修剪,将那些偏枝歪干剪掉,留下主枝健康成长,要不断地除去那些啃食树干的蛀虫。其实,这个阶段,父母就好比园丁,只有在父母的精心照料下,小树才会健康地成长,才会长成一棵棵参天大树。所以,不管任何时候,父母对于孩子的管教都是因为爱,也是发自内心深处最真实的关心。

当孩子长大成人,有了自己的生活和伴侣,父母也就放心了许多,尽管如此,父母还是会在适当的时候去管教管教,看见孩子有不对的地方就会批评让其改正。所以,当妈妈的教训儿子,那没有什么大不了,做媳妇的即便看见了,也不要大惊小怪,不要去掺和,更不要看见婆婆训斥儿子而去替老公求情或者替老公出头,这样,老公不会觉得你是在帮他,是因为爱他疼他才害怕别人伤害他,他甚至会觉得你无聊,爱管闲事,婆婆也不会因为你去劝架或者替自己的儿子出头而感激你,她肯定会怨你,会觉得你无聊,她会认为,那是属于他们母子之间的事情,你一个外人插什么手,如果你替老公出头了,婆婆只会觉得你没有教养,甚至从内心深处讨厌你。你要清楚,他们毕竟是母子,没有什么深仇大恨,他们之间发生任何事情,最终都会没事,他还是她的儿子,她还是他的妈,这份感情,这份血浓于水的亲情,不会因为一点小事情或者小矛盾而受到丝毫的影响,哪怕当妈妈的打了儿子,儿子照样还是会叫妈,会疼爱妈。所以,聪明的媳妇,不会在婆婆教训儿子的时候去替老公出头,更不会去说任何话,她只会站在一边默不作声。

小肖下班后一回到家，就听到婆婆和老公在屋子里大吵大闹的，她感受到了一股浓浓的火药味。推门进去后，就听见婆婆大声地骂道："我说儿子啊，你怎么就这么糊涂呢？妈妈不是一直都告诉你，君子爱财取之有道，不义之财如流水，我们不能因为一时的贪念而做一些违背良心的事情，你明天赶紧把钱给人家退回去，不然，就不要认我这个当妈的！"

"妈，我错了，你不要生气了，我明天就还回去！"小肖看见老公一副委屈而又可怜的样子跪在沙发跟前，而婆婆正凶神恶煞般地指着老公的鼻子骂，小肖从没有看见老公这般可怜的样子，心里一阵疼，于是走过去拉老公，并对婆婆说："妈，这是怎么了呢？有话不能好好说吗？犯了多大的错误，至于下跪吗？"

"你算哪根葱，我这是在教训自己的儿子，关你啥事，一边凉快去！"婆婆听到小肖的话，刚才好不容易快要平息的怒火一下子又上来了。"还不是怪你，让你不要那么虚荣，不要和人家有钱的相比，你偏爱虚荣，非要我儿子在你过生日的时候买钻戒，你又不是不知道，我们这小家小户的，哪有那么多的钱去买珠宝，这不，他为了给你买钻戒，拿了人家的回扣，结果被公司知道了，公司说要起诉呢！"婆婆一下子将矛头指到了媳妇身上。

"妈，你怎么又说到我身上了，我也只是说说而已，谁让他真买啊，再说，我怎么就爱虚荣了，莫名其妙！"小肖觉得自己莫名其妙地挨了一顿骂，委屈不已，也十分生气。

"你还有理了，我看你俩联合起来要气死我这个老太婆，他爸啊，你在天有灵带我走吧，我辛辛苦苦将儿子拉扯大，现在他翅膀硬了，连同媳妇一起欺负我，我不想活了！"婆婆说着就大声地哭喊起来。

"小肖，你就不要添乱了，这事和你没关系，你瞎掺和啥呀！赶紧给妈道歉！"老公看到自己的妈妈又哭又喊的，于是大声冲小肖说。

"我还不是心疼你，你反而骂起我多管闲事了，真实狗咬吕洞宾，不识好人心，你们爱咋折腾咋折腾，我不管了！"小肖气得要命，她知道这样闹腾下去，没理的肯定是她，她两面都不会落下好，而且，还会被两面攻击，自己又何必受这份气呢！不过她还是很担心老公拿回扣的事情，她只能去找她爸爸周旋了，所以，她干脆赌气回了娘家。

其实，小肖的故事就充分证明，假如婆婆和老公之间发生冲突，做媳妇的就一边凉快去，就装聋作哑，千万不要去掺和，更不要在婆婆面前替老公出头，否则只会引火上身，自己反而成了罪人。要相信，不管如何，他们毕竟是母子，母子没有什么深仇大恨，要有那也是因为爱，因为恨铁不成钢，所以，做媳妇的最好能躲多远就躲多远，等他们平息了怒火，一切都会烟消云散。你要相信，这么些年了，他们早已经有了属于自己的相处方式和解决问题的方式，母子之间没有什么所谓的谁有理谁没理，他们终究会根据自己的方式去解决问题，别人是掺和不了的，而且越掺和越添乱。

相处之道

或许媳妇看到老公在婆婆面前低三下四或者受气，都会觉得老公委屈，自己心疼，其实，这点真的完全没有必要，你要清楚，人家是母子，人家是真正的一家人，多少年了都生活在一起，而且那份浓得化不开的亲情会让所有的矛盾和冲突在顷刻之间都化为云淡风轻，那种坚固

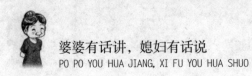

到无法拆开的感情，任由多大的风波也无法摧垮。相反，自己作为媳妇，在他们眼里毕竟是外人，所以，他们之间的冲突和矛盾，我们做外人的还是少管，也少插嘴，更不要在婆婆面前替老公出头，她只会将罪过记在你头上，说不准你就成了罪魁祸首，甚至成为挑拨母子关系的始作俑者。其实，你需要做的很简单，要么默不作声、静观其变，要么能躲多远就躲多远，等事情平息后，你还要当作没有任何事发生一样。

第五章 给婆婆一份期待，还媳妇一份信赖

找一位识大体、懂得体贴自己的好妻子，或许是每一个男人都梦寐以求的事情，当然，找一位贤淑，上得厅堂，下得厨房，懂得孝顺，会居家过日子的媳妇，也必然是每一个婆婆都求之不得的好事。所以，婆婆对于儿媳的期盼，甚至要比丈夫对于妻子的期盼强烈得多。因为，好的媳妇，不仅关系到一家人的幸福和睦，更关系到整个家庭的祥和安宁，也直接影响到下一代。所以，婆婆期待一个好的媳妇和自己共同承担起家庭的责任，让男人们更好地工作，回到家能够更舒心，当然，婆婆对于媳妇在充满期待的同时，也要对媳妇有足够的信心，要相信，媳妇一定能做好。

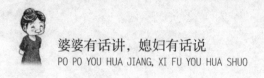
婆婆有话讲

找个惦记我、疼儿子的好媳妇

每一位婆婆对媳妇的要求标准都不尽相同，有的婆婆喜欢温顺乖巧的媳妇，有的婆婆注重媳妇的家庭背景、学历，有的婆婆喜欢善良、品德优良的媳妇，而有的婆婆只想找一个孝顺自己、体贴疼爱儿子的媳妇……所以婆婆对于儿子娶媳妇非常重视，有的甚至采取直接干涉的态度，很少有婆婆对于儿子娶媳妇无动于衷，或者儿子随便带回来一个媳妇都无所谓。自古至今有许多美好的爱情都是因为婆婆的反对而最终以悲剧收场，也有许多男女的结合无关爱情，只是因为家世背景和双方家人喜欢。

婆媳矛盾上演了数千年，一直以来，婆媳矛盾就像一颗长在家庭中的毒瘤，危害着整个家庭的安宁和幸福。其实，许多女人在做媳妇的时候往往说婆婆不好，用许多标准去衡量自己的婆婆，可是，等到自己做了婆婆之后，却又反过来用一些标准去衡量媳妇，甚至将一些近乎完美的非常人能做到的条条框框放在媳妇身上去比对，一比之下，发现媳妇竟然如此差劲，和自己心目中的好媳妇相差甚远，于是便开始埋怨媳妇，觉得媳妇一无是处，而且处处为难媳妇，总觉得媳妇配不上儿子，不配给自己当媳妇。

当然，母亲将儿子辛辛苦苦拉扯大，在内心深处肯定希望儿子能成家立业，儿孙满堂，自己也能享受天伦之乐，可是，母亲又担心媳妇的到来会影响到自己和儿子之间的感情，也害怕儿子找不到称心如意的媳妇，更担心未来的媳妇不懂得孝顺、不会体贴疼爱儿子。这些担心谁都能理解，这不仅是一个母亲对儿子的爱，也是一个母亲对于家庭的责任心，的确，一个好的媳妇，不仅能给家庭带来祥和安宁，也会很好地相夫教子，疼爱体贴儿子，更懂得孝顺公婆，会给家庭增彩添福。

静怡出身于书香门第，不仅长得娇小玲珑、美丽大方，而且从小家教很严。良好的家庭环境和教育，让她不仅知书达理，更懂得许多礼仪。静怡自小学习成绩优异，所以长大后顺利上了名牌大学，并拿到了博士学位。这样的条件是许多女孩子望尘莫及的。然而，静怡也有她自己的苦恼，那就是这些年只顾着学习和事业了，却将自己的婚姻大事给耽误了，不知不觉之间，她已经步入了"剩女"的行列。

她也知道，现在开始谈恋爱显得有点不太理智，于是就参加了时下流行的相亲节目，在相亲的道路上，她经历了许多事情，也遇到了一些让自己心动的男生，但是都没有成功。最后，对于相亲心灰意冷的静怡，经过别人介绍，认识了王昊，也就是她现在的老公。他们两个第一次相亲就看对了眼，之后王昊告诉静怡，只要他妈妈同意，他就没有任何异议，当然，静怡能够理解王昊的心情，因为他是个非常孝顺的人，静怡见了公婆之后，最终顺利地嫁给了王昊。

王昊是富家子弟，据说他们家的资产已经过亿，这个也让静怡觉得吃惊，因为据王昊说，当时他妈妈挑选媳妇，是依照好多标准精挑细选的，所以，静怡也对婆婆的诸多标准很好奇，一次闲暇之余，静怡忍不住问了婆婆，婆婆笑了笑，和盘托出。也许大家都很想知道静怡这个豪门婆婆选媳妇的标准，其实，归纳起来就是以下几点：

（1）拥有美貌能拴老公心

静怡第一次见公婆，婆婆觉得静怡不仅容貌姣好，属于典型的美女，而且大方、端庄。婆婆认为娶了这样的媳妇，才不会担心儿子出去沾花惹草，可以腾出好多时间照顾家庭、经营事业。

（2）家教好，懂得相夫教子

因为静怡出身于书香门第，家教肯定会比较好。而且，她的学历也高，就不愁以后有了孩子教育不好了。老公家拥有很雄厚的家族生意，更需要有品行良好的下一代去继承。另外，婆婆从朋友那里早已打听出静怡学过厨艺，应该懂得下厨给家人做饭。当然，家里的所有事务都由保姆料理，但是，静怡懂得一些就更完美了。

（3）性格好，脾气好，孝敬父母

静怡和老公相处了一段时间后，一起去米兰旅行，但是中途老公因为公事而将她丢在了米兰，一个人回去了。静怡回去之后，给老公和公婆都买了一大堆东西，所以婆婆很欣赏静怡的做法，觉得静怡没有因为儿子将她一个人丢下而大发脾气，反而买了东西给儿子，还孝顺了公婆。

（4）学历高，人脉广

静怡不仅毕业于名牌大学，而且是博士生，婆婆觉得即便是对别人介绍也很有面子，还有一点，就是静怡有很多朋友，也包括许多商界的朋友，这样有利于发展家族事业。

（5）懂礼貌，有涵养

静怡结婚之前去王昊家吃饭，好几次婆婆都很留意她的一举一动，发现静怡很懂礼貌、很有涵养，绝对"上得了台面"，婆婆甚至故意整出一些环节去试探她，有一次让保姆故意将茶水洒在了她的新裙装上，但是，当时静怡没有任何不高兴的表情，而且还一个劲儿地对保姆说没关系。

（6）有自己的事业

婆婆觉得静怡和年轻时的自己很像，即便嫁入了豪门，却仍然愿意出去工作，有属于自己的事业，她觉得女人就应该如此。

或许，大多数媳妇都无法像故事中的静怡这样具备这些条件，但是，她的故事或多或少地体现出了婆婆们对媳妇的期望和标准，也能在一定程度上反映出做婆婆的一片苦心，她这也是因为对自己家庭的热爱和负责。当然，做媳妇的大多都是普通人，没有那么高的学历和家世背景，也不会有那么好的涵养和家教，所以，做婆婆的也不必太过于苛刻和强求，大多时候，只要媳妇人品好，懂得最起码的道理，疼爱儿子，孝顺公婆，一家人在一起能和睦相处，也就很难得了。

好媳妇哪个婆婆不喜欢？当婆婆的将儿子养大成人，自然更乐意看见他事业有成，生活幸福，觅得贤妻，后继有人，如果能得到媳妇的孝顺，那更是了无遗憾了。作为母亲，总觉得儿子是最优秀的，所以，无论如何也要娶到好的媳妇才算般配。这也是每一位母亲最自私的地方，有时候想想，媳妇也不容易，人家也是自己亲妈亲爸疼爱着长大的，做婆婆的也应该体谅和宽容，当然，这样的前提必须是，媳妇要惦记婆婆，疼爱丈夫。

一时话不投机，也别一辈子当"仇人"

婆媳之间吵吵闹闹是很正常的事情，毕竟婆媳之间年龄、生活习惯等的差距，让婆媳之间相安无事和睦相处会比较困难。但是，吵归吵，总得有个度，闹归闹，闹完了和好就好，不要因为一点矛盾就相互置气，相互不理不睬，甚至老死不相往来，这样大可不必。其实，不管是媳妇还是婆婆，都应该正确地看待婆媳之间的关系和无法避免的矛盾，而且，相互之间稍微容忍、体谅、包容下，日子还要过，一家人还要生活。再说，和气生财，家和万事兴嘛，权当是为了这个家，不要动不动就离家出走，动不动就回娘家。

婆媳生活在一个屋檐下，一起做饭、吃饭、聊天、逛街，这些都是很自然的事情，也是司空见惯的事情，所以，每当遇到一些双方持有不同观点的问题，或者某些话题引起其中一方的反感、厌恶的时候，双方一定不要冲动，不要进行无谓的争执，如果能将那些话题绕过去最好，假如绕不过去，那就最好保持沉默，不要去争论谁对谁错，也不要各执己见斗个输赢，更不要因为一时的话不投机而不欢而散，甚至赌气不见面、不回家吃饭。

婆媳的思想观念存在着很大的差异，生活方式及受教育的程度也相差甚远，所以，在对待许多事情上，不可能有统一的意见和看法，或许媳妇无法忍受婆婆的观念，觉得婆婆很封建、很保守、很守旧，而婆婆呢，也是无法适应媳妇，认为媳妇太开放，许多想法和做法让人无法接受，比如大半夜不睡觉，早晨不起床，穿着超短裙，光着脚丫子等等，而媳妇则觉得婆婆太迷信、太固执、穿着太土气等等，婆媳之间不能达成共识的事情很多，所以，也在一定程度上造就了婆媳之间无法化解的矛盾。

李秀兰是那种农村传统的女人，几十年来生活在农村，也没有出去见过世面，每天的工作就是伺候一家大小，除此之外就是去田地里干活，这些年来，她日出而作日落而息，生活简单而平淡。不过，最让她自豪的就是儿子考上了名牌大学，还出国留了学，工作很不错，更加让村里人羡慕的是，她儿子娶了个洋妞，理所当然的，李秀兰被儿子媳妇接到了城里一起生活，李秀兰第一次住上了大房子，感觉一下子来到了天堂，乐得不得了。

洋妞媳妇还算乖巧，中国话也说得很溜，婆媳之间也能正常沟通，所以媳妇进门的前两年，婆媳都相处得不错，但是，自从有了孙子后，婆媳的矛盾就出现了，而且两个人慢慢地较上了劲，谁也不愿意退让一步，战争愈演愈烈。

洋妞媳妇根据美国的规矩去喂养孩子，六个月之内不给喝水，但是，李秀英看见嘴唇干裂的孙子，心疼得不行，硬是给喂了水，媳妇看见后，气得将奶瓶扔了。李秀英告诉儿子之后，儿子只会夹在中间和稀泥，谁也不帮，谁也不得罪，李秀英气得不行。还有，媳妇不让给孩子吃蛋黄，在我们中国，孩子可以吃辅食的时候基本上是从蛋黄开始，但是，美国人的规矩是孩子一岁之前不能吃鸡蛋。李秀英觉得该给孙子喂蛋黄了，于是偷偷地喂了四分之一，结果媳妇通过监控看到了，这一次，她居然给婆婆发通牒，说如果再胡乱喂孩子，就回老家去。李秀英当然不甘示弱，就骂媳妇"装洋蒜"，"给孩子吃点蛋黄那是为孩子的营养考虑，美国佬，你懂个屁哦！"儿媳妇也不甘示弱，用中文骂婆婆"笨蛋，混蛋！"婆媳两个就因为这些事情吵得不可开交，而且，洋妞媳妇动不动就拿起电话报警，因为美国人对于家务事也会报警。还有，更让李秀英受不了的是，为了点小事，媳妇就不在家吃饭，而且还抱着孙子出去吃，就是不想和婆婆在一起吃。最终，杨秀英实在待不下去了，觉得还是回老家农村种田好。

我们应该清楚，不管是媳妇还是婆婆，两个人都是为了孩子考虑，都是因为爱孩子。对于李秀英而言，她自有一套疼爱孙子的理论，但是人家洋妞媳妇不这么认为，人家讲的是规矩。其实，李秀英和洋妞媳妇之间，本来没有什么矛盾，就是因为在喂养孩子方面无法达成一致，李秀英是根据中国的规矩去喂养，但是，洋妞媳妇是根据美国的标准去喂养，本身两个国家之间就存在着很多差异，所以根本就无法达成统一的意见，而且，婆媳都不懂得让步，只是各执己见，没有矛盾才怪！

另外，洋妞媳妇动辄就打电话报警，这在我们中国是行不通的，家务事终归是家务事，清官还断不清呢，警察又怎么能奈何，所以，洋妞媳妇应该懂得入乡随俗的道理，还有，洋妞媳妇动不动就赶婆婆回家去，要不就自己出去吃饭，这确实不太像话。作为媳妇，应该考虑下婆婆的心情，也应该学习下如何做好一个中国媳妇，同样，洋妞媳妇和婆婆的故事，也值得我们所有的媳妇引以为戒。

其实，对于做婆婆的而言，媳妇长得丑点没关系，只要人品好、善良、懂事，婆婆还是会喜欢的，毕竟娶媳妇不是光为了养眼，或者

当花瓶来看的。而且，赚多少钱倒是其次，只要有工作就不错，有个性也没太大关系，这年头，哪个人没点个性，没点爱好，再退一步，媳妇和婆婆没有共同语言，说不到一起，也不是什么大问题，毕竟年轻人有属于自己的思维方式，只要能在一起凑合着过就不错了，但是，婆婆最受不了的就是，和媳妇之间稍微出现点问题，媳妇动辄就跑回娘家，甚至干脆待在娘家不回来了，有的还叫来了娘家亲妈来"申冤报仇"，这是最让婆婆头疼害怕的事情。

会说话与会办事一个都别少

会说话会办事的媳妇相比不会说话的媳妇自然更能讨得婆婆欢心，婆媳之间相处，无非就是一些琐事，会说话会办事的媳妇自然能洞悉婆婆的心思，了解婆婆为人处世的规矩，在说话的时候就不会踩到婆婆的雷区，办事的时候，也能入婆婆的法眼，而且，会说话会办事的媳妇，不仅不会得罪周围的亲戚朋友，在这些人眼中，也会更加优秀，婆婆也会觉得更有面子。相反，不会说话不会办事的媳妇，无法掌握婆婆的脾气，难免会说一些婆婆所忌讳的话，惹得婆婆生气在所难免，至于婆婆交代的事情也总是拖泥带水，无法让婆婆满意，这肯定会影响自己在婆婆心中的形象，更会影响到婆媳关系。

经常会听到大家讨论，某家的媳妇不仅人长得漂亮，为人处世、待人接物都无可挑剔，真是难得的好媳妇；也会听到有人讨论，谁谁家的媳妇真的是太上不了台面了，不会说话，不会办事，空有一副皮囊……其实，听到这些，大家都明白，对一个媳妇而言，会说话和会办事都很重要，这是最起码的，而且，会说话会办事的媳妇，要比长得漂亮的媳妇吃香得多，另外，即便长得丑，但是只要会说话会办事，也不打紧。当然，这也是做婆婆的对媳妇的基本要求。

会说话的媳妇，在同婆婆相处的过程中，总是能巧妙地应对婆婆的每一句话，每句话都说得恰到好处，滴水不漏，让婆婆根本找不出破绽，即便是在婆婆故意难为自己的时候，或者针对自己的时候，也能巧妙地对付，既不会得罪婆婆，也不会让自己太没面子；会办事的媳妇，对于婆婆交代的任何大事小事，都能保质保量地完成，这样不仅能让婆婆觉得媳妇能干，而且会让婆婆觉得，媳妇还能为自己分担许多事情，当然，既会说话又会办事的媳妇，自然是婆婆心目中好媳妇的标准之一，而且，这样的媳妇，一般都能和婆婆和睦相处，婆媳之间的矛盾少了，家庭中的战争也少了，生活也会更加美满幸福，这当然是每个婆婆所最期盼的事情。

想必看过电视剧《女人的颜色》的人都对王进的妈妈王老太婆印象深刻，尤其是她作为婆婆，姚倩倩和叶静宜的婆婆，更加让人难以忘怀。王进的妈妈，真的可以算得上是婆婆中的限量版人物，也是个极品，暂时先不说她为了家庭的利益、为了自己的儿子，可以上刀山，下油锅，见人说人话，见鬼说鬼话，也不说她面对现实和生活，能屈能伸，能软能硬，就单单说一下她面对两个媳妇时的情景。

她的第一任媳妇叶静宜，出身名门望族，家教礼仪自然无可挑剔，而且，她会说话会办事，乖巧听话，即便婆婆为难她，她也只会向婆婆道歉，将过错都揽到自己身上，其实，对于这位媳妇，王老太婆是打内心深处赞赏的，尽管之后叶静宜同王进离婚了，王老太婆也迫于无奈多次伤害过叶静宜，但是，她那也只是为了捍卫家庭的利益，一切也都是为了王进和孙女考虑，这也就造成了之后她的第二任媳妇姚倩倩进门后，王老太婆对其有诸多的不满。姚倩倩相对于叶静宜而言，不管是品行、贤淑程度，还是持家过日子、对待婆婆方面，都有很大的差距，尤其是姚倩倩根本就不会说话做事，所以才导致婆媳从头至尾都大吵大闹，闹得不可开交，而王老太婆也从内心深处鄙视姚倩倩，甚至觉得姚倩倩就是破坏王进婚姻的罪魁祸首，也是将整个家庭毁掉的魔鬼。同时，她也对比出了，还是叶静宜好，她才是自己心目中的好媳妇。

其实，屏幕上的叶静宜，尽管她之前的婚姻是失败的，但是，作为媳妇，她很优秀，本身她出身于豪门，从小家务活、做饭这些事情都由保姆伺候着，她如公主般生活到结婚，但结婚之后，她在婆婆的调教下开始学做家务，开始照顾一家人的饮食起居，学会了相夫教子，六年来，家里所有的事情都做得很到位，在婆婆眼中，她不仅会说话，而且会办事，就算再刻薄麻辣的婆婆，也会和她相处融洽；相反，姚倩倩不仅人品不行，而且心肠恶毒，更重要的是，她不会说话办事，婆婆自然看不上，难免会每天都吵着闹着让姚倩倩和王进离婚。

会说话会办事的媳妇，不仅能讨得婆婆欢心，而且可以将一家人生活起居中的大小事宜都照顾得妥妥当当，婆婆也会因此少了许多麻烦，清闲了不少，更重要的是，婆婆不必因为一些家庭琐碎的事情去唠叨，婆媳之间自然就少了好多矛盾。另外，会说话会办事的媳妇，也会给老公免除许多麻烦，这样，老公就可以在外面安心地工作和忙事业，他不必去担心后方起火，下班后媳妇早已做好了饭菜等着他，洗澡水也放好了，平时穿的衣服也总是洗得干干净净，叠得整整齐齐的，老公走出去，也往往是光鲜得体。至于孩子，也不会因为粗心而忘记

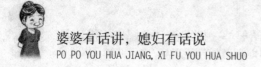

了接送上下学的时间，孩子自然也被教育得听话懂事，这样一家人就会快乐幸福地生活，婆媳之间也没有什么可吵闹的。

其实，婆媳之间并不是从一开始就水火不容的，处不到一起的婆媳，刚开始也仅仅局限于婆婆看不上媳妇，或者媳妇瞧不上婆婆，或者相互看不顺眼，但这种状况也不至于闹得很僵，更不会出现大吵大闹的情况，好多矛盾是在后面的相处过程中慢慢积累的，如果媳妇会说话会办事，婆婆也不会总是刁难或者嫌弃她，哪个婆婆愿意成天闲着没事专门找媳妇的麻烦呢？再说，和媳妇吵架自己又得不到什么好处，相反还会惹人烦，而且也会给儿子添乱，其实，婆婆之所以和媳妇过不去，那肯定是媳妇自身有许多问题，并且这些问题已经超过了婆婆的忍受范围。

既然进了门，就别说走就走

女人在选择另一半的同时，就意味着对自己下半生的生活作出了选择，许多时候，这一选择就意味着一辈子，尽管之后的时间还可以反悔，还可以重新来过，但是，又有几个女人能做到全身而退呢？所以，更多的时候，还是抱着一种认命和顺其自然的态度，不管幸福还是不幸福，那都是自己选择的，哪怕老公对自己再不好，甚至根本无法和婆婆相处，那也是自己当初执意要选择的，既然进了门，就别说走就走。

婚姻从来都不仅仅是两个人的事情，一旦两个人步入婚姻殿堂，不仅仅是对一段爱情圆满的诠释，更是将许多原本毫无关联的东西牵扯到一起，双方的家庭、亲朋好友，这些错综复杂的关系，都要依靠这段婚姻去维系，去保持鲜度。相信，每一位媳妇在进入婆家的门之前，或多或少都对这些做过衡量，甚至慎重地考虑过这些，包括婆家的实际情况，包括公婆、大姑子、小姨子乱七八糟的所有状况和所有人，当然，一时冲动闪婚的另当别论。既然进了婆家的门，就应该怀有一种积极的心态，端正态度，尽量将日子过好。

　　当然，家家都有一本难念的经，每一个家庭都有属于他们的苦恼和困难，有的家庭因为经济条件的限制，无法拥有光鲜的生活，但是，正因为这份贫困和艰难，而让一家人的心紧紧地抱在一起，同心同德，日子也会因为这份团结而越过越红火；有些家庭，尽管条件优越，可是感情却冷淡，夫妻关系日益紧张，婆媳关系亮起了红灯，但大家还是努力维系着，尽量调节缓和着关系，维持着家的原本样子，不让这个家散了；当然，也有一些家庭，各方面都很不错，生活富裕，家庭和睦，成天快乐幸福地生活在一起，享受着人世间难得的天伦之乐……

　　其实，不管是哪种家庭，不管生活有多么艰难，不管每天要面临着何种压力，既然选择了，就不应该逃避，也不能轻言放弃，毕竟我们活着就要面对生活的种种馈赠，就应该担得起风雨、扛得住严寒、守得住寂寞、耐得住清贫，对生活怀有希望和信心，最终拥抱幸福。所以，作为媳妇，既然进了婆家的门，选择了这份生活，无论面对何种情况，也不要轻易放弃，更不要说走就走，逃避不仅是不负责任的表现，更是一种消极避世的态度，放弃也不是智者的做法，更不是一个聪明媳妇应该走的路子。

当老公面临着公司裁员，自己刚辞掉了一份工作，还没有找到新工作的时候，李月觉得，当初应该听父母的话，找一个家世背景好的男人，至少找一个有着较好收入、有房有车的男人，这样，也不至于现在连基本的生活都没有着落。此刻，一想到家里一岁多点的孩子，还有那个刁蛮不讲理的婆婆和沉默寡言、大事不管小事不问的公公，李月就觉得头大。

其实，好多次，她都觉得生活的负累差点将自己压垮，她看着周围的朋友都过得潇洒自如，而自己还要为生活奔波，几年的婚姻生活，她不仅没有尝到一丝的幸福，反而将自己熬成了现在的黄脸婆样子，想想自己如流水般逝去的青春年华，想想自己日渐苍老的容颜，又想想自己毫无希望和奔头的未来，李月就想彻底地离开这个家，离开老公，离开这个彻底摧毁她的地方，去寻找另一次重生。

说起来，最让她纠结和痛恨的还是自己的婆婆，婆婆平时刁钻刻薄不说，还自私，爱耍小聪明和小心眼，李月好多次都听婆婆教唆老公将自己的银行卡没收交给她管，而且说这样就万无一失了，免得自己以后不想在这个家里过了拍拍屁股走人时，起码家里的钱财不受损失。就仅仅为了这一件事情，也足以让李月恨婆婆恨得咬牙切齿了，而且，婆媳之间的矛盾还不止如此，李月的老公还有一个妹妹，平时好吃懒做，动辄就跑到家里，吃喝不说，还拿吃拿喝的，尽管这年头谁家还没有多余的几顿饭，可是，让李月受不了的是，婆婆背着自己经常给女儿钱，这让本来就困难的生活更加拮据，而且，那些钱基本上都是一家人省吃俭用省下来的，凭什么给嫁出去的女儿。

李月为此和婆婆好言说过多少次，但婆婆每次都照样犯，之后又大吵过好几回，但婆婆还是依旧，李月实在忍无可忍了，就找了小姑子，直接当面说开了，小姑子又岂是省油的灯，不仅哭着告诉了婆婆，而且还添油加醋地说了许多不利婆媳关系的话，这样一来，让原本就紧张的婆媳关系到了水火不容的境地。李月觉得再也没有必要继续这种生活了，于是，她和老公慎重地商量，要么和公婆分开过，要么离婚。

其实，李月给老公出的选择题，不管得到任何一个答案，都意味着这个家庭的破裂，试想一下，公婆没有收入，分开过他们的生活费将没有着落，当然，或许李月和老公通过努力，可以让生活有所好转，但是，老公心里能舒坦吗？难道他不会觉得父母受罪完全是因为被媳妇赶了出去？这样，夫妻之间相处会长久吗？另一种情况，就意味着孩子要么没了爸爸，要么就是没了妈妈，缺少其中任何一方的爱，孩子能幸福吗？还有，离婚之后，就意味着要组建新的家庭，离了婚的双方，根本没有二手房那么吃香，再说，又带着孩子，谁又愿意蹚这趟浑水呢？

相处之道

既然选择了婚姻，就应该用一种积极的心态，通过自己的努力去改变现状，去试着让生活越来越好，而非一遇到问题就逃避、就退缩，甚至轻言放弃，这些都不是明智的选择，也不是一个有责任心的人所应该做的。对于媳妇而言，进了夫家的门，做了夫家的人，就应该同这个家庭荣辱与共，共患难，共进退，有福同享有难同当，这才是一个好媳妇应该做的，也是一个聪明的媳妇应该做的。其实说白了，对于那些轻易就放弃的女人而言，谁又能担保其第二次的选择是正确的呢？说不准还不如这一次呢。

婆婆面前疼老公，别亲密过度

对于每一位媳妇而言，老公是自己深爱着的男人，两个人因为爱而走到了一起，共同承担起家庭和婚姻的责任，缔造着美好的生活，老公也是自己在这个世界上最值得信赖和依靠以及最亲密的人。彼此疼爱，相互理解，卿卿我我，这对于两个人而言，是再正常不过的事情。但是，假如媳妇一直和公婆生活在一起，每当公婆在的时候，媳妇可以表现出对老公的爱，可以对老公好，但是，记得不要和老公太过亲密，如果那样，婆婆会觉得别扭、尴尬，甚至难受。

尽管说两个人的爱情世界和婚姻生活，如果能充满浪漫甜蜜，或许是许多人所梦寐以求的，夫妻之间亲密无间，又是何等地让人羡慕和嫉妒，可是，对于同公婆生活在一个屋檐下的夫妻而言，过分亲密的举动确实不是什么明智的选择，当然，做父母的希望看见儿子媳妇感情和睦，亲密无间，也愿意看见儿子媳妇相互疼爱，体贴关怀，但是，或许没有几个父母能忍受儿子媳妇成天腻在一起，尤其是媳妇儿子像双面胶、口香糖一样粘在一起，这不仅仅是因为做父母的思想观念比较保守的原因，还有一方面原因，就是父母有可能会认为儿子媳妇行为轻浮，不尊重老人，当然，这个问题更多的情况下，会直接怨在媳妇身上。

婆婆觉得儿子是自己生的，所以存有私心，许多时候，即便是儿子的错，她也会觉得肯定是受了媳妇的影响，或者是媳妇教唆的结果，除非儿子犯的错误很明显，无法赖到媳妇身上，她才会接受儿子犯错的事实，所以，对于儿子和媳妇在自己面前过分亲密的表现，婆婆也一定会觉得是媳妇有问题，是媳妇举止轻浮，甚至不懂得尊重老人。婆婆一般都会对儿子有一种强烈的占有欲，觉得儿子就是自己的，媳妇的到来本身就打破了原有的模式，将儿子从自己身边抢走，如今又在自己面前过分亲密，大秀恩爱，她从心理上无法坦然，势必会觉得很碍眼，对于媳妇也会多出许多看法，甚至是厌恶。

　　王佳佳和老公从恋爱到结婚，两个人一路走来，浪漫过、疯狂过、冲动过、哭过、笑过，但不管如何，这一路走来，感情却一直很好，老公既懂得浪漫又体贴疼爱自己，王佳佳像女王一般幸福地生活着。两个人在一起也总是好得跟一个人似的，王佳佳喜欢腻在老公身边，享受他的温柔和爱，老公也习惯了王佳佳像口香糖一样黏着自己，他觉得那种感觉很好，很享受。

　　但是，自从婆婆来了之后，这一切都被打破了，婆婆看到王佳佳和自己的儿子腻在一起，刚开始的时候只是脸上稍有不顺，后来就直接说了，再到后来就开骂了，王佳佳觉得婆婆无聊，不可理喻，自己和老公腻在一起又怎么惹着她了呢！而婆婆却说："你看你成什么样子，不知道检点一点，也不知道害臊，成天挂在我儿子脖子上！"对于婆婆的话，王佳佳觉得莫名其妙，也很不可思议，她简直无法忍受，再说，自己和老公一直都这样，凭什么她来了就要改变，而且，好多事情一旦成了习惯，就很难改变了。

　　其实，话说回来，对于婆婆其他的方面，王佳佳还是比较满意的，而婆婆呢，对于王佳佳其他的方面也还满意，唯一受不了的就是媳妇成天和儿子腻在一起，而且当着自己的面亲得那么响亮，她觉得很尴尬，也为他们害臊。当然，她只是一味地反对或者阻止媳妇和儿子过分亲密的举动，却没有说出个理由来，王佳佳也因此而纠结着，不得其果。后来，王佳佳在邻居那里才算是搞清楚了婆婆为什么这么反感自己和老公亲密，不是因为她讨厌自己，完全是因为思想保守，受不了年轻人的思想观念。

王佳佳知道了事情的原委之后，就尽量在婆婆面前不再和老公太过亲密，渐渐地，婆婆也不再厌恶自己了，她和婆婆之间的关系也缓和了许多，从以前的无话可说到慢慢地有了共同的话题，而且，在和婆婆的接触过程中，她发现，其实婆婆是位博学多才的女人，而且是位善解人意的女人，不仅仅是因为婆婆是大学教授，更是因为婆婆出身于书香门第，家教甚好的缘故，由于从小就受到比较传统的教育，所以婆婆很难接受现代年轻人的开放，她觉得接吻拥抱是很私密的事情，只有两个人在一起的时候才可以发生，当着别人的面，那就是轻浮，就是对别人的不尊重。

婆婆在同王佳佳的不断接触中，也发现了王佳佳其他的优点，王佳佳脾气好，性格也不错，而且，懂得疼爱儿子，好多事情都会站在儿子的立场上去考虑，对自己也还孝顺，比如平时总会给自己买些衣服，而且每次都挑质量好的买，从不心疼钱，这让婆婆很放心，也很欣赏，更加开心。这样一来，婆媳双方都看到了对方的优点，彼此之间相处得越来越好，最后，发展到一起逛街、吃饭、做头发，甚至能谈一些比较贴心的话。

从王佳佳和婆婆相处的过程中可以看得出，这对婆媳刚开始无法好好相处，并非因为彼此讨厌或者不满，唯一的原因就是婆媳思想观念的不同，保守的婆婆认为媳妇和儿子过分亲密的动作不仅有悖于传统的教育，而且让自己觉得尴尬、脸红，而开放的媳妇认为，婆婆管得太多，一些亲密的动作至于让婆婆生气吗？这样一来，双方之间有了意见分歧，产生矛盾是不可避免的。她们通过彼此的改变，慢慢地，婆媳关系自然阴转晴了。

其实，我们可以理解媳妇的做法，也能理解婆婆的心思，毕竟婆婆是上了年纪的人，她思想比较保守，对于现代人无所顾忌的行为有点看不惯，在年轻人看来无可厚非的行为和做法，在她眼中就变得不堪入目甚至有违伦理道德。所以，年轻的媳妇们，不管你有多的开放，和老公有多么的恩爱，千万不要在自己的婆婆面前大秀恩爱，也不要做出过分亲密的动作，小心老人受不了，将怒气出在自己身上，这样就得不偿失了！

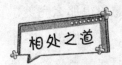

既然婆婆受不了媳妇和儿子过分亲密，那么，作为媳妇，还是注意一下吧！即便这些举动早已成了习惯，也要试着改变，千万不要因为这些小事而成为婆婆眼中的一根刺，婆婆讨厌自己，自己的日子肯定不会好过，挨白眼、受气不说，还会因此而影响到夫妻感情，所以，聪明的媳妇，千万不要去踩婆婆心中的这道底线，到时候受伤的不仅仅是自己，还会殃及家里的其他成员。

可以说说男人坏话，但别带人身攻击

男人都注重面子和尊严，这两样有时候甚至可以和他的生命相提并论，所以，做女人的，不管任何时候都要记得给男人尊严和面子，一旦让他们觉得失去了尊严和面子，那么，不管你是她的亲妈还是亲媳妇，他都会翻脸不认人，所以，当妈妈的教训儿子可以，但是不要伤了他的自尊和面子，媳妇也一样，可以说说男人的坏话，但是千万不要带人身攻击，更不要不顾他的尊严和面子，这样做的后果，绝对会很严重，不信你可以试试！

男人和女人在一起生活久了，双方的缺点、毛病都会暴露出来。就会发现对方其实也就是一个俗人，没有当初自己想象得那么完美，甚至对方身上有许多无法克服的毛病，比如爱虚荣、喜欢撒谎、不注意个人卫生、懒散等等，尤其是男人，追求女人的时候，总将自己最完美的一面呈现给对方，表现出很绅士、很体贴的样子，甜言蜜语将女人征服后，女人做了自己的老婆，男人觉得大功告成了，再也无需掩饰了，自己的本来面目就露出来了，这个时候，女人后悔之余，更多的是愤怒和怨恨，当男人所有的不堪和缺点都展现在女人面前的时候，也是双方矛盾开始的时候。

人和人相处久了，总会出现一些这样那样的审美疲劳，夫妻相处时间长了，更是如此，总觉得对方有许多缺点和不好的方面，闹矛盾、吵架都成了司空见惯的事情，其实，都说夫妻床头吵架床尾和，没有隔夜的仇，那是针对小吵小闹而言的，这种小吵小闹顶多也就是双方因为意见的不同而产生的分歧，只是争论一下，并不会伤和气，所以，吵完了也就没什么大问题了，自然会和好，可是，大吵大闹就不一样了，这种吵闹往往会出现相互对骂的情况，甚至双方因为愤怒胡乱地骂对方，更可怕的是会口不择言，出现一些人身攻击，这样的结果往往会使双方都受到伤害，影响到夫妻感情。

朱婷的老公不仅爱喝酒，而且经常和那些狐朋狗友们喝得酩酊大醉，回到家后，还对朱婷大吼大叫，甚至拳打脚踢。一年三百六十五天，他有三百天都是醉的。

朱婷早已对这样的日子厌烦透顶了，要不是看在孩子的份上，她早就和老公离婚了，伤心绝望之余，她喜欢和朋友们一起逛街、聊天，谈论一下家长里短，当然也包括自己的老公。每当听到一起的朋友说她们的老公是多么地顾家，如何疼爱自己，朱婷只有羡慕的份，同时让她在心里对老公更加厌恶和鄙视，也为自己的命运唏嘘，她觉得是自己命不好，找了一个一无是处的老公。所以，有时候，她也会谈及自己的老公，但是，没说几句，她就怒火中烧，恨不得用世界上最恶毒的语言骂他，即使这样也无法平息她内心的怒气。有一次，有位朋友给她支了一招，大致就是等下次他老公喝酒的时候，让朱婷跑到酒桌上去闹，闹得他没面子了，看他能不能收敛一点。

朱婷觉得这个主意不错，于是就逮住了一次机会真的去闹了。那天，当朱婷找到老公和朋友一起喝酒的包间时，她就打定了主意，一定要让老公颜面扫地，这样看他能不能回心转意，好好过日子。做好准备后，她一脚踹门进去，看到老公就大声地骂："你这个没出息的王八蛋龟孙子，成天就知道和一些狐朋狗友喝酒，发酒疯，你还能有什么本事！"当然，朱婷的突然袭击让在场的朋友和她老公都始料不及，当时她老公还有点微醉，看见自己的老婆这等架势，他脸一下子红了，怒气也一下子在体内乱窜，他不敢相信老婆竟然敢这样在酒桌上大闹，一点面子都不给他留，于是他向朋友们说了声抱歉，准备拉着自己的老婆回家："走吧，你这是干什么？我们回去再说！"老公一把将朱婷的胳膊揪住，扯出了包间，之后回到了家，一进家门，朱婷的老公就像一头斗兽一般，一把将朱婷推倒在地，并大声喊道："你疯了，你彻底疯了，你以后让我在朋友面前怎么抬头？你这个臭娘们，你居然还敢骂我王八蛋龟孙子，我看你反了天了！"接着，朝着朱婷的身上一顿乱踢。朱婷没想到老公会这么狠心地暴打自己，以前打那也只是装装样子而已，这次他是一点情面都不留，朱婷彻底绝望了，对这段婚姻也绝望了，她决定离婚，这次无论如何也要离婚，就这样，他们的婚姻走到了尽头。

朱婷婚姻的悲剧，一方面是因为老公的嗜酒如命，另一方面也是因为朱婷在那一次大闹酒场的时候，伤到了男人的面子和自尊，而且是当着别人的面，这对于一个男人而言，是最无法忍受的事情，男人或许可以忍受女人背地里说说自己的坏话，那些他们会觉得是小事，只要不骂爹骂娘进行人身攻击，他们都能接受，但是，男人无法接受当众被自己的老婆骂王八蛋龟孙子，这伤及了他们的面子和尊严，他们是会被逼急逼疯的，当然也不会对老婆手下留情。

其实，在生活中，我们经常会听到有女人说："男人没有一个好东西！"尽管这在一定程度上表达了大多数女人的心声，但也说明了一个问题，那就是在男人身上有许多毛病和问题，甚至是让女人讨厌的毛病。一般情况下，男人身上有一些问题是令绝大多数女人深恶痛绝的，比如花心、好色，都说男人花心是天性，"食色，性也"，好色就算是一种本性了，当然，色相在一定程度上可以当作美去解释，爱美之心人皆有之，这样认为的话，也能够理解男人好色的本性；男人爱撒谎，曾有好一段时间，网上盛传一张图片，上面是一只猪在上树，文字写的是："猪都可以上树了，男人的话可以相信了！"尽管是有人故意在恶搞，但也说明，男人这种动物，的确喜欢撒谎；男人爱吹牛，很少承认自己犯错，而且，男人爱面子，尊严比什么都重要。所以，作为女人，要充分了解男人的内心，可以冲男人生气、发脾气，可以说男人的坏话，但是，不要伤及他们的面子，不要摧毁他们的尊严。

女人在一起，大多时候都会谈及自己的老公，可是，谈论归谈论，哪怕偶尔说点坏话，但千万不要一时说到兴头上夹带着对他进行人身攻击。尽管老公有许多毛病，许多坏习惯，甚至让你忍无可忍，你可以适当地发发怒气，但千万不要说话太过分，这样，不仅会让别人觉得你没素质，也会显得你没有修养，更加可怕的是，一旦那些骂爹骂娘的话传进老公的耳朵，影响的是你们夫妻的感情，伤害的是你老公的尊严和面子，所以，女人说话的时候，一定要掌握分寸，把握一个度。

暗示婆婆：你图的是丈夫这个人

每一位做母亲的都希望自己的儿子能找到属于自己的幸福，希望自己未来的媳妇之所以嫁给儿子，不是因为自家的家世背景，甚至心怀其他目的，只是单纯地看上自己的儿子，爱自己的儿子。为此，婆婆们自从媳妇进门之前，就开始暗中调查、求证，只要有丝毫怀疑媳妇的动机不纯，都会将这段婚姻扼杀在摇篮之中，会规劝儿子，长痛不如短痛，赶紧放手还来得及。假如结婚后，婆婆发现媳妇嫁给儿子有不纯动机，也定然会拿出浑身解数，和媳妇斗争到底，坚决维护家庭和儿子的利益。

面对纷繁复杂的世界，许多时候，人心也会变得势利、唯利是图起来，同样，美好的爱情也被卷入了世俗的旋涡，婚姻也和利益挂上了钩。当然，自古以来，这样的事情就随处可见，为了国家利益、家族势利，将婚姻作为维系其关系的纽带，尽管牺牲的是两个人的爱情，但却保全了一个国家或者整个家族。而现代，这样的婚姻也不在少数，比如一些家族企业为了利益，往往通过和其他大企业联姻来实现强强联合的目的，可是，大多数情况下，人们还是对婚姻抱有单纯而美好的期望，希望一段婚姻的开始是因为爱，而非其他的原因。

对于婆婆而言，当看到儿子领回来媳妇，开心之余定然也有许多担心，担心媳妇品行不好，不懂得孝顺公婆，不够爱自己的儿子，或者媳妇愿意嫁给儿子是因为看中自己家的家庭条件和钱，甚至还有其他的目的。当然，婆婆对于媳妇的怀疑谁都可以理解，她首先是一个疼爱儿子的母亲，为儿子考虑周全是天经地义、无可厚非的，没有任何的错，另外，她是家里的一分子，她要为自己的家庭负责，如果媳妇动机不纯，到时候受损失的也是自己的家庭，所以，她要捍卫自己的家。面对这样的婆婆，做媳妇的就应该多花点心思，让她打消对自己的顾虑，让她明白自己嫁给她儿子，完全是因为爱她儿子这个人，并非其他的原因。

　　蔡林和张然是一对年轻的 80 后小夫妻，他们的爱情经历了许多波折，最终跨越了一切艰难险阻走到了一起，但是，他们的婚礼还是在缺少婆婆的祝福的情况下进行的。蔡林是典型的"凤凰女"，尽管在城市有了属于自己的事业，但是终究因为出生农村而备受张然父母的歧视，并且张然的妈妈一直认为蔡林不是因为爱自己的儿子才和他结婚的，纯粹是因为蔡林想过上富人的生活，想迈进豪门做"少奶奶"，所以，他们的爱情一直无法得到张然妈妈的同意，最终，他们两个人私自定下了终身，在教堂里举行了简单的婚礼。

　　结婚后，蔡林当然没有和公婆生活在一起，也没有拿张然家里的一分钱，他们在外面租了房子，过起了属于他们的生活。张然从小养尊处优惯了，刚开始无法适应清贫的生活，没有车子，没有大房子，两个人的那点工资还不够他以前一顿饭的花销，但是，看到蔡林那么乐观，更重要的是，他们彼此深爱着对方，张然就学会了忍受，学会了和蔡林一起去大排档、小餐馆吃饭，一起挤公交车上班，日子也过得有滋有味的。

　　其间有好几次，张然的妈妈去找他们，看见儿子过着如此清贫的日子，她心疼，要给儿子钱，但儿子不要，有一次她无奈之下将蔡林约出去，准备劝说蔡林和张然离婚，她会立马给蔡林一大笔钱，这样，蔡林的目的也达到了。于是她对蔡林说："你现在的目的达到了吧，和我儿子结婚，你不就是为了拿到那一份财产吗？现在我给你，但是，你必须和张然离婚！"蔡林很冷静地说："我不要您的钱，我自己可以赚钱养活自己，我并不是您想的那种为了钱而牺牲自己婚姻的女人，尽管我家很穷，但是，我也有尊严，请您尊重我，并且，我再告诉您一次，我是真的爱张然！"渐渐地，张然的妈妈对蔡林的态度也有所改变，她也看到了蔡林身上的许多优点，而且，她觉得，或许真的是自己误会蔡林了。

　　随后的日子，张然的妈妈一直注意和观察着蔡林，不久后，她每个月都会收到蔡林寄给她的钱，那是蔡林从她和张然的生活费中省下来的，没有多少钱，她只是在告诉张然的妈妈，他们自己有手有脚，可以自食其力，而且，她蔡林自己能赚钱养活自己，甚至还可以贴补家用，这样一来，张然的妈妈逐渐消除了对蔡林的误会，接纳了蔡林。

　　都说："一入豪门深似海"，但是，现实中的确有许多女孩子都愿意嫁入豪门，不为爱情，只为金钱，当然，我们也要理解这些女孩子对于物质的追求和迷恋，金钱的确是好东西，但是，还有一些人，他们崇尚爱情，相信爱情。当然，做婆婆的也不能一竿子打死一大片，对于媳妇的选择和考验，也要从多方面进行，并非所有嫁入豪门的女孩都是因为钱，也有真正看上你们儿子的。

　　而做媳妇的，开始一段婚姻一定要有足够的心理准备，尤其是要针对婆婆做好功课，不管是嫁入豪门还是普通家庭的媳妇，当婆婆对自己是否爱自己的老公有所怀疑的时候，一定要学会用点技巧，让婆婆明白，你不是为了钱，也不是为了其他目的嫁给她儿子的，完全是因为爱，这样，婆婆肯定会开心，婆媳关系也会更加和睦。

相处之道

　　或许当婆婆的都一样，喜欢用自己的方式去保护家庭和儿子，喜欢为儿子铺设一条通向光明的道路，并且将道路上的所有障碍物都清扫干净，尤其是在对待媳妇的问题上，更是挖空心思、处心积虑，总觉得媳妇是来和自己抢儿子的，要么，就认为媳妇嫁给儿子是有目的的。做媳妇的，假如遇到这样的婆婆，就应该花点心思了，一定要让她知道，自己和老公结婚，不是因为其他目的，更不是因为看上他的钱，只是纯粹地爱他，只有消除了婆婆的顾虑，你才能和婆婆更好地相处，以后的日子才会过得更好。

多点奉献精神，没事就去看看婆婆

媳妇要和婆婆缓和关系，不仅要了解婆婆的心理以及她的生活习惯、喜好，而且，要多花一些心思，多站在婆婆的角度考虑问题，迁就体谅她，理解包容她，更要懂得用真心去关心她，哪怕偶尔抽个时间陪她逛逛街、聊聊天，或者没事的时候去看看她，关心一下她的饮食起居，你所做的一切，她自然会看在眼里、记在心里，也会感觉到你的孝心，也一定会从内心深处感激你，用同样的真诚和爱回报你。

人都是感情动物，别人对自己的好会记在心里，所以，我们平时如何对别人的，日后都会作为别人如何对待我们的参照和衡量标准。当你抛给别人一颗善意的种子，来日别人定然会给你带来一颗好的果实。其实，婆媳之间相处也是同样道理，当媳妇面对婆婆时，有时候难免会遇到一些不顺心的事情，或者会遇到婆婆的嫌弃和刁难，但是，这个时候，你要做的不是以牙还牙，而是尽量试着将自己该做的做好，只要你做到问心无愧，对得起良心，相信再坏的婆婆也会慢慢地被你所感化的。

要相信，世界上没有绝对的恶婆婆，也没有绝对的恶媳妇，其实，每一位恶婆婆都是针对某一位特定的媳妇而言的，恶媳妇也是针对某一位特定的婆婆而言的，所以，婆媳的好坏，不是取决于一方，而是取决于双方。相信，一位善良、和蔼、懂得疼爱媳妇的婆婆，再恶的媳妇，也不会在她面前恶到哪里去，因为，成天面对这样的婆婆，难道媳妇就没有一点良心，就没有一点点被感化的概率吗？相信不会的。同样，好的媳妇，懂得真诚对待婆婆的媳妇，即便婆婆心里有多么讨厌媳妇、嫌弃媳妇，相信随着时间的流逝，她也会被感化的，也会变好的。

李响的妈妈是出了名的难缠的人，十里八街的，没有人不知道这位辣妈的泼辣和厉害。其实，说起来，李响的妈妈也是一个可怜的人，年轻的时候就死了丈夫，一个人好不容易将儿子拉扯大，这期间的酸甜苦辣或许别人只是看客，无从领会，只有她自己清楚。这十几年来，她一个寡妇带着一个孩子，处处受人欺负和为难，她能不变得强大吗？她不泼辣，就会被人欺负，她还有儿子，为了儿子，她也要变得无坚不摧，就这样，辣妈的名号变得响亮起来。

自从儿子娶了媳妇之后，街坊邻居对于这对婆媳的相处抱有很大的看热闹心态，因为他们都坚信，凭辣妈的劲头，肯定会将媳妇整治得服服帖帖，说不准没几天就给气走或者赶走了。其实李响以前也谈过一个对象，但是第一次见辣妈，就被辣妈给气走了，所以，大家都为现在的媳妇觉得不值，而且捏了一把汗。也有人会觉得，现在的媳妇都不是好惹的，如果辣妈的媳妇比辣妈更泼辣，那这戏就更好看了，所以，大家都拭目以待。但是，媳妇进门都一年多了，大家还是没有听到婆媳两人吵架，大家在失望之余难免有点好奇，于是，大家专门找了一个和辣妈关系不错的人去打探了一下消息，这才发现，辣妈和媳妇不仅没有任何矛盾和吵闹的迹象，反而相处得很好，那人趁着辣妈一个人在家的时候，细细地问了缘由。

原来辣妈尽管泼辣，但面对如此懂事乖巧的媳妇，也变成"甜椒"了。辣妈说起媳妇，那可是百分百的满意，夸赞媳妇不仅温柔善良，对自己的儿子好，更难得的是，媳妇能用心关心辣妈，平时辣妈吃穿用的都是媳妇亲自操持，而且媳妇也能理解辣妈这些年的辛苦，只要是自己能做的就都做了，一旦闲下来，就陪辣妈聊聊天。辣妈一个人总会感觉到孤独，以前没有娶媳妇的时候，儿子在外面工作，也没有多余的时间陪她聊天，她自然感觉到很寂寞，但是，媳妇每次看到婆婆一个人的时候，总会过来找些话说，要么就陪婆婆看电视剧，这样的媳妇，辣妈当然只有喜欢的份，怎么又会为难她呢？大家知道了辣妈变"甜椒"的原因，也更加佩服这位媳妇了，能做到这些，的确不容易，尤其是对那样的婆婆。

其实，对于李响的媳妇而言，能将这位辣妈婆婆变成"甜椒"，确实不容易，可见，她不仅花了许多心思，也付出了许多艰辛。大家都清楚，老人和年轻人之间因为年龄的差距一般都很少有共同的话题，而且，有几个年轻人愿意将时间花在老人身上呢？又有几个媳妇愿意陪着婆婆看那些无聊的电视剧呢？但是李响的媳妇做到了，她能站在婆婆的立场上为婆婆考虑，所以，再难缠、再泼辣的婆婆，也会对她心怀感激的，她自然也成了婆婆心目中的好媳妇，得到婆婆的真心夸赞。

不管是婆婆还是媳妇，都希望得到对方的谅解和迁就，也希望得到对方的尊重和爱，双方都希望对方付出的更多一些，自己能得到更多一些，这样的心理往往是婆媳矛盾的祸根。其实，婆媳之间，试着多为对方想想，多付出自己的努力，多点奉献精神，多关心一下对方，

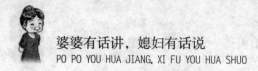

少点苛责和要求，相信婆媳会相处得更好，关系也会更加融洽。

　　其实，大多时候，也并非所有媳妇遇到的都是恶婆婆，不管遇到哪种类型的婆婆，主要是看媳妇如何去做。假如遇到难缠的婆婆，媳妇就应该有足够的耐心和韧性，不要和婆婆去硬碰硬，要了解婆婆的心思，用自己的真心和诚心去打动婆婆，缓和婆媳关系，假如遇到小心眼爱计较的婆婆，就要学会用一些好处去拉拢婆婆的心，当然，做媳妇的，平时多学着哄哄婆婆，多点奉献精神，多关心一下婆婆，肯定会有意想不到的收获。

第六章 笑着解决问题，婆媳间也要有点幽默感

有时候笑不仅仅是一种表情，更是一种自我保护、化解矛盾的武器，婆媳之间，当遇到问题，发生矛盾的时候，更多的是争辩和吵闹，很难做到笑着对待彼此。其实，婆媳之间不要吝啬自己的笑，笑着去面对彼此，总比拉着脸要强，而且，婆媳之间也要有点幽默感，这份微笑和幽默感，能化干戈为玉帛，能将即将燃起的战争之火瞬间熄灭。周国平也说："幽默是心灵的微笑，最深刻的幽默是一颗受了致命伤的心灵发出的微笑。"

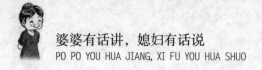

婆婆有话讲

明里调侃，暗里教育

婆婆总希望媳妇像女儿一样孝顺，像超人一样全能，事事都能够符合自己的心意，所以在媳妇还没进门的时候就已经开始筹划着对媳妇的调教，心想一定要将媳妇调教成自己心目中的样子。而教育媳妇毕竟跟教育自己的孩子不一样，隔了很多的东西，一不小心也可能会引发婆媳大战。所以聪明的婆婆知道，教育媳妇有着一种有效的策略，那就是多在媳妇面前调侃调侃别人，吹一吹风，让媳妇自己思考领悟，改"邪"归"正"。

有人说，在生活中，调侃就像是炒菜加的调料一样，拿捏得当总能够增加气氛，也能够增进彼此之间的关系，引发人们的思考。其实在婆媳相处中也是一样，婆婆想要教育媳妇，不一定就要赤裸裸地进行，甚至针锋相对，将媳妇的不当之处暴露在彼此的面前，造成媳妇的尴尬与伤心，并且成为彼此争吵的理由。婆婆教育媳妇，也可以运用调侃的手段，在暗地里默默地进行。在媳妇面前适当地调侃调侃别人，往往能够引发媳妇的思考与自我检讨，收到教育媳妇的奇效。

当然调侃本来就是一门很深的学问，调侃者往往也需要一定的技巧才能够把握调侃的尺度，达到自己调侃的目的。对于婆婆来说，调侃别人、教育自己的媳妇也是如此，如果拿捏得正好，那么就会如婆婆所愿；可是拿捏不当，调侃得过火或者是教育意味太浓，反而有可能会弄巧成拙，造成婆媳关系的紧张。所以那些想要用调侃别人的方式教育媳妇的婆婆们就要注意了，在平时要多练练调侃别人的能力，并且对媳妇的性格特点也要有个大体的把握，从而做到在正确的时间、正确的场合用正确的话语来调侃别人，以此达到教育媳妇的目的。

李婆婆退休前是个处级干部，做思想工作是她的强项，并且做惯了领导，她总是喜欢"改造"别人，特别是自己的家里人。以前，丈夫、儿子都被她改造过了，所以当媳妇进了门之后她就急着要改造自己的媳妇。媳妇是个典型的80后城市女孩，从小没吃过什么苦，家底也殷实，在娘家的时候一家人把她当宝，所以对于家务可以说是一窍不通，并且言谈举止在李婆婆的眼里有失庄重。李婆婆在媳妇进门以后就策划着对她进行改造，力争将自己的媳妇教导成一个举止得体、贤良淑德、德才兼备的好媳妇。

当然这是一项浩大而又艰难的工程，即使李婆婆是思想政治教育科班出身，做了一辈子的思想政治教育工作，但在对媳妇的"改造"之中她着实是费了一番心血。思前想后，她决定用以下的策略来"改造"自己的媳妇。

（1）知己知彼，百战不殆

在媳妇进了门以后，李婆婆并没有像有的婆婆那样直接冲锋陷阵，而是采取了观望的态度。通过一段时间的仔细观察以及了解，她掌握了自己媳妇的个性特征，知道媳妇并不是一个不自觉的孩子，她有着很强的自尊心，并且对于事情也有着自己的思想以及主见。这些信息对于李婆婆来说可以说是喜忧参半。因为跟这样的媳妇相处不会害怕产生太大的矛盾，但是这样的媳妇也是最难掌控、最难改造的。当然，面对这样的困境，李婆婆并没有退却，她知道想要改造这样性格的媳妇首先要做的并不是与她做婆媳，而是先要与她做朋友。

（2）深入"敌营"，虏获"敌心"

与自己的媳妇做朋友，这可以说是一个很大的创举，但是在李婆婆这里却也得到了真正的实现，因为她知道，想要改造自己的媳妇，首先需要深入到"敌营"中去，然后虏获"敌心"。那么李婆婆究竟是怎么做到的呢？其实李婆婆也没有什么特别的举动，只是平时看着媳妇在家的时候就去跟媳妇拉拉家常，讨论一些社会上以及生活上的事情，慢慢地，媳妇也就喜欢跟李婆婆说话了，说来说去两人就经常在一起聊天逛街，像老朋友一样，婆媳关系处得很融洽，可以说是无话不谈。

（3）干净利落，直击目标

在做了很多的铺设之后，李婆婆的"改造"媳妇计划也就到了关键的部分，也就是实施部分。在这个部分中李婆婆也没有像有的婆婆一样直接地对媳妇进行改造，她采取了一种迂回的策略，即在拉家常聊天中用调侃别人的方式暗暗地教育媳妇。比如，李婆婆知道自己的媳妇不怎么会做家务，常常衣服也是自己的儿子洗，要么就直接丢进了洗衣机。对于这样的情况，李婆婆就有了教育策略。

有一天，她跟媳妇一起去逛街，正好遇到了隔壁的李婶，两个老人碰面自然就拉起了家常。李婶也是刚娶了媳妇，说媳妇什么都不做，就在家里等着她伺候，衣服也不洗，直接丢洗衣机，不卫生也洗不干净，等等。当时媳妇也在身边，对于这样的一个契机，李婆婆自然不会放过。在李婶说话的时候李婆婆只是安慰李婶，然后给李婶说好话。但是在跟李婶告别以后，李婆婆就自然而然地跟媳妇聊起了李婶的媳妇，并且用调侃的语气说李婶的媳妇还没长大，没准备好做一个媳妇，等等。李婆婆这次可以说是说者有心，当然听的那个人也有心了，虽然媳妇的心不在李婆婆的调侃上，也对婆婆的调侃没有意见，但是她自己作为一个媳妇也有了思考，自那以后，李婆婆发现自己的媳妇开始学着做一些家务了。

当然在以后的日子里，李婆婆抓住了很多的契机，用调侃别人的方式改造了很多媳妇不当的地方，看着媳妇现在终于变成了自己心中所希望的样子，李婆婆每天可以说是眉开眼笑，并且也与媳妇的感情越来越好了。

可能有人会说李婆婆真是一个有心机的人，其实李婆婆这不是心机，而是策略。她懂得如何去以最恰当的方式教育自己的媳妇，也懂得怎样的教育能够让媳妇欣然接受，并且还能够与她维持最好的关系，当然她"改造"媳妇的计划也在调侃别人之中获得了圆满的成功。

所以，还在琢磨着如何教育自己媳妇的婆婆们可要注意了，多学学李婆婆的教媳策略，让针锋相对的教育变得曲折迂回，运用调侃别人来让自己的媳妇自己思考、领悟，从而成为一个婆婆心中的好媳妇，同时也让婆媳之间的关系在调侃中变得更加和谐。

相处之道

再好的媳妇也需要调教，这是做婆婆的普遍心理，因为经过调教的媳妇才能够让自己更加满意。而往往聪明的婆婆对于调教媳妇都有自己的一套方式，她们不会与自己的媳妇针锋相对，也不会让自己的媳妇因为被调教而尴尬。她们会跟自己的媳妇做朋友，让媳妇在彻底

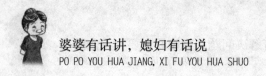

放松的状态下自我思考，然后改善自己的行为，完善自己的品行。当然，在媳妇面前巧妙地调侃别人也是一种调教媳妇的策略，这种调侃不仅能够引发媳妇的自我思考与完善，还能够适当地拉近婆媳之间的距离。

偶尔时髦一下，做个潮婆婆

在这个信息爆炸的年代，时尚新词可以说是每天更新，也在人们的生活中泛滥。特别是对于年轻人而言，时尚新词的运用已经成了他们生活的一部分。而作为婆婆，虽然说已经过了追赶时髦的年龄，但是在媳妇面前适当地来点时尚新词，让婆媳的相处换换口味也是一个不错的选择。因为那些时尚新词会在不知不觉间拉近婆婆与媳妇之间的距离，而幽默的运用则更能够让婆媳的相处充满欢声笑语。

人跟人的相处总有那么一些道理，就像是两个人相交，肯定有那么一些吸引彼此的地方，才能够长久地交往下去，建立友好的关系。当然这些吸引彼此的地方要么是相同的爱好，要么是个人独特的魅力，要么是惺惺相惜的感觉。当然，撇开这些不谈，最起码要有一些共同的语言，这样才能够让关系正常地维持下去。其实婆媳间的相处也是一样，相处得融洽很多时候要以共同语言为支撑，如果婆媳之间的语言隔阂太大，那么感情自然也不会有多好。

可能有人会有疑问，为什么会这么说呢？婆媳本来就是生于不同的时代，她们之间由于年龄的差别以及价值观的差异，没有共同的语言很正常，难道说关系好的婆媳一定就应该有共同的语言吗？那通过这样的推理，也就意味着有很多的婆媳关系并不好？当然婆媳关系的好坏与是否有共同语言并不是一个绝对的关系，只是说共同语言对于婆媳关系有着重要影响。往往有着共同语言的婆媳在彼此的沟通与交流中会少很多的阻碍，特别是婆婆，如果婆婆是一个能够接受新观念，拥有时髦思想的婆婆，再在与媳妇的交谈中运用一些时尚新词，加点幽默进去，那么在与媳妇的相处中可能会更加顺利。

因为媳妇毕竟是年轻人，她们有很多的观念以及语言表达跟上一代的人不同。并且在这个千变万化、信息爆炸的年代，又有很多的新词蜂拥而出，年轻人的交谈往往随意、新颖、幽默，氛围极好。当然这样的交谈也让他们彼此之间的距离拉得很近。所以作为婆婆也要注意到这一点，在与媳妇的相处中适当地来点时尚新词，调节一下婆媳之间的气氛，从而做个时髦的潮婆婆。

王晶还没结婚的时候，朋友就告诉她婆媳的关系很微妙，要谨慎处理。当时对婆媳关系的概念还停留在电视剧之中的王晶，着实也被吓了一跳，还没被老公娶进家门就已经盘算着如何跟自己的婆婆好好相处。可是结了婚之后，王晶才发现婆媳间的相处也没有那么难。可能这与自己婆婆的性格有关，因为自己的婆婆是个爱赶时髦的潮婆婆。

在与婆婆的相处中，最逗的是看电视。每天晚上，王晶的老公都会在王晶与婆婆的威逼利诱之下陪着她们看韩剧。一般而言，王晶会与自己的婆婆边看电视边品尝各种各样的零食。并且每当老公对她们所看的韩剧提出不屑的质疑时，王晶还会与婆婆异口同声地进行反击："哼，你还不是嫉妒人家男主角长得比你帅。"

总之，对于王晶来说，与婆婆的相处并不是别人口中的苦差事，因为她有个爱赶时髦的潮婆婆，与她在一起有聊不完的话题，也有着做不完的事情。并且时不时婆婆口中还会冒出一两个时尚的新词，把

　　王晶逗得大笑。与这样的婆婆相处，王晶没有感到与婆婆相处的不易，只是觉得自己在多了一个婆婆的同时又多了一个朋友。

　　有个时髦的潮婆婆可以说是一件非常美妙的事情，这样就不怕自己一些新颖的观点、说话的方式得不到婆婆的认可，从而引发婆媳之间的争斗，当然也不怕在与婆婆相处的时候闷得慌。婆婆在与媳妇的相处中应该认识到这一点。虽然说不需要刻意地去追赶时髦，但是最起码对于现在年轻人的一些思想和喜好要有个大体的了解，对于媳妇的一些行为与举动能够接受。当然最好是自己也能够捕捉到一些时尚的新词，增加一些与媳妇交谈的话题。

　　人与人之间的相处就是这样，需要一些共同的东西，需要一些能够引发彼此兴趣的东西，婆媳的相处也是一样。作为婆婆应该多跟自己的媳妇交谈、沟通，有时候适时地去学一些时尚的新词，然后再有效运用，增加婆媳之间的共同话题。这样不仅可以让自己活得更年轻，也可以拉近与媳妇之间的距离，让彼此之间的相处变得更加和谐。

　　谁说追赶时髦是年轻人的专利，虽然自己的年龄已经过了追赶时髦的阶段，但是岁月只能老化我们的身体，心灵还是由自己把握。婆婆不一定要每天穿着暗淡的衣服，也不需要说话庄重刻板，在媳妇面前摆出一副老态龙钟的样子。婆婆也可以追求时尚，用一些时尚新词跟媳妇交谈，说一些逗笑的语言跟媳妇一起开怀大笑，也可以陪着媳妇一起看韩剧，评论里面男主角的帅气和女主角的漂亮，以此来促进婆媳之间感情的交流，让生活充满乐趣。

耍把"老糊涂"，媳妇面前"耍赖"有道

婆媳相处，难免会有一些不愉快，也难免会磕磕碰碰，相互谦让一下，相互理解一下，总能够将大事化小，小事化了。而婆婆作为长辈，虽说应该在媳妇面前树立自己的威信，但更多的时候应该成为婆媳关系的主动调和者。偶尔在有了误会之后"耍耍赖"，当当"老糊涂"，那么很多的误会也会冰消雪融。当然，要达到这种效果需要的是婆婆"耍赖"有"道"。

"老小"，"老小"，我们常常会将老人跟小孩子联系在一起，认为老人跟小孩十分相像。其实在现实中的确也是如此。老人随着年龄的增长性格也会像小孩一样，而这种孩子样的性格也有利于婆媳关系的相处。

可能有人会有疑惑，老人像小孩一样的特征怎么可能会调和婆媳之间的关系呢？小孩子的那些特性甚至有可能会让婆媳之间的关系恶化，毕竟老人终究不是小孩，而媳妇也不是妈妈，不可能会有那么多的包容。其实这样的理解也是有理可循的，因为婆媳之间终究会隔着一道鸿沟，只要是没有越过去，那么矛盾随时有可能激化。但是我们也可以这么想，老人孩子似的特性，其实也是一种工具，在婆媳之间出现误会，有了一些矛盾的时候，如果婆婆能够适当地"倚老卖老"，"耍耍赖"，那么可能所有的误会也会冰消雪融，婆媳之间的尴尬、矛盾也会因为婆婆"耍赖"而消失。

当然，要达到这样的效果，需要的是婆婆"耍赖"有道，要不然也会弄巧成拙，让婆媳之间的关系更加紧张。所以，婆婆在"耍赖"的时候也要有所思量，要知道媳妇的脾性，也要懂得"窥探"一下人的心理。在婆媳相处中，聪明的婆婆总是知道应该如何用自己的年龄去化解一些矛盾，也知道应该如何去化解一些婆媳之间的危机，让整个家庭在和谐的婆媳关系中其乐融融。

龚婆婆今年65岁了，成为婆婆已经将近有十个年头了。龚婆婆跟媳妇的相处，外人只能用两个字来形容，那就是：融洽。不像有的婆媳一一样不住一起，龚婆婆跟媳妇这一住就是将近十年，在这十年中不仅没有过什么大吵大闹，甚至都没有红过脸，两人相处得比母女还亲。

当别人听说龚婆婆跟媳妇相处融洽之后，很多和媳妇有矛盾的婆婆都前来龚婆婆这里求经，讨教婆媳相处之道。龚婆婆也是一个喜欢与人交流、喜欢助人的老人，所以对于前来求经的婆婆们，她都会给予她们悉心的指导。

在龚婆婆的婆媳相处经中，有一个重要的方面，那就是婆婆要懂得发挥自己的年龄优势，适当的时候学会装"糊涂"，偶尔的时候也要懂得"耍耍赖"。往往这样的"经文"让婆婆们很难理解，也很难接受，因为在她们的心中，婆婆就应该有婆婆的样子，何来耍赖、装糊涂之说呢？可是龚婆婆就有她自己的解释与定义。她告诉那些前来求经的婆婆们，其实她跟自己的媳妇在相处中也有很多的磕磕碰碰，但因为她懂得如何去化解，所以才能与媳妇融洽相处。

就像她跟自己的媳妇在某些事情上出现意见不合的时候，虽然开始的时候争一争，但媳妇总是有着自己的考虑，在争论一番以后，龚婆婆就会觉得自己的媳妇说的其实也有道理，争论是因为她们的价值观等方面的不同，但是已经争了，毕竟要有个人先服软，更多的时候龚婆婆就做那个先服软的人，要么说自己"老了哦，脑袋不灵光"，要么就当着媳妇的面"耍赖"，说自己的建议好，但是话语明显软了下来，有一种媳妇想怎么样就怎么样的趋势。当然媳妇也不是愚笨之人，懂得那是婆婆在调和彼此的关系，也就不再和婆婆争了。这也就让婆媳之间的关系更加融洽。

当然，在龚婆婆的婆媳相处经中，关于"耍赖"与"装老糊涂"还有很多的方面，也有很多的门道。这些门道往往是婆媳相处中的制胜法宝，也是婆媳相处最有效的调和剂。一般来讲，在与媳妇的相处中，婆婆想要装"老糊涂"，"耍赖"来化解婆媳之间的尴尬，让婆媳相处更加和谐，必须要遵循下面的一些原则。

（1）瞅准时机，该让步时要让步

婆媳间相处，作为婆婆首先要懂得捕捉时机，就算是想要跟自己的媳妇理论，但是也要把握好理论的时间。一般理论的时间不宜过长，最好控制在几分钟之内，因为这段时间如果理论有效，也会发挥效用，无效就算是再多的时间也无用。一般在理论过后，婆婆要懂得适当调和跟媳妇之间的关系，要么说几句幽默的话语，要么就自我调侃一下，说自己"糊涂""老了"之类的，从而化解彼此之间的尴尬，也是作出让步。

（2）要么转移话题，要么巧妙避开雷区

在与媳妇有了矛盾或者是争吵的时候，聪明的婆婆知道不应该让争吵维持过久，所以应该要想办法来避免争吵或者是化解矛盾。这时候转移话题或者答非所问是最好的避开雷区的办法。因为婆婆作为长辈，媳妇看到她都转移了话题，那么也就不好再纠缠，只能顺着婆婆

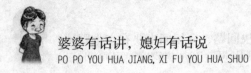

的意思去讨论别的事情。

（3）承认"老糊涂"，适当"耍耍赖"

婆媳相处，有时候婆婆跟自己的媳妇出现意见不合很正常，出现争执也是理所当然。但是争执时间长了容易伤感情，矛盾不化解也会让彼此心中压抑。所以作为长辈的婆婆就一定要懂得适当地调和与媳妇之间的关系。这时候适当地开开玩笑，承认自己的"老糊涂"，或者是像小孩子一样"耍耍赖"，从而让尴尬压抑的气氛得以化解，也是不错的婆媳相处之道。

耍赖并不是小孩子的专属权利，作为婆婆也可以适当地用用，尝试一下另一种"倚老卖老"，从而来化解婆媳之间的尴尬，让婆媳的相处变得融洽。当与媳妇有了争执的时候，婆婆要懂得把握争执的时间，也要懂得争执的艺术，千万不能够意气用事，也不要纠缠不放，适当的时候要给彼此一个台阶，而这个台阶的创造则可以由婆婆来执行。要么耍把"老糊涂"，要么就"耍耍赖"，总之要与媳妇相处有道。

矛盾无大事，一句玩笑全了事

玩笑有时候就像是一个精灵，能在适当的时候调节气氛、化解尴尬，当然在婆媳相处之中也是一样。婆媳相处，难免会有一些矛盾，也难免会出现磕磕碰碰，出现争执，如果两人相互对立，都不肯让步化解矛盾，那么只可能会让矛盾升级，甚至引发一场婆媳大战。相反，如果婆媳之间有了矛盾，能够用一句玩笑去化解，那么可能就会产生不同的效果，婆媳之间的关系可能也会在玩笑中渐渐变得融洽。

生活是什么样的形态，很多时候都在于我们自己的选择；幸福是什么样子，更多的时候也是在于我们自己的感受。一家人生活在一起，当然想要和和美美，想要其乐融融，但是往往婆媳这个巧妙的组合就成了幸福的阻碍，也会让整个家庭变得剑拔弩张。

可是婆媳她们也不想这样。哪个婆婆不希望跟自己的媳妇相处得融洽，就像跟自己的女儿相处一样；哪个媳妇又不希望跟自己的婆婆能够像亲人一样相互关心、相互理解。

当然，面对矛盾，面对误会，不同的婆媳会用不同的方式来处理。就像有的婆媳在有了一些误会或者矛盾的时候，可能也不争吵，而是选择冷战，甚至是对彼此的无视；有的婆媳也会选择大吵大闹，弄得一家人不得安宁，甚至有时候还会闹出人命；当然有的婆媳可能不会选择前面的方式，而是在有了矛盾的时候用温和的方式去化解，从而让问题得到解决。我们也知道，当婆媳出现矛盾时，前面两种方式都是不可选的，因为那只会让矛盾加深，甚至可能会引发一场暴风雨。

婆媳关系的不同处理，往往也就反映出不同的婆媳的生活态度以及对于生活的理解。就像是前面冷战处理的婆媳，可能更多的时候婆媳都是喜欢以自我为中心的，她们有着自己的骄傲与尊严，在出现矛盾的时候不喜欢进行交流，哪怕是争吵，她们只是按照自己的想法去面对彼此，所以只会让矛盾越积越深。而第二种争吵的处理方式，则意味着婆媳都是藏不住怒气的人，她们在有了矛盾误会的时候往往不吐不快，否则心里憋得慌。但是她们的脾气又都火爆，所以也就点燃了导火索，爆发了战争。而最后一种温和的矛盾处理方式，则意味着婆媳都是比较理性的人，她们知道婆媳大战中没有人可以胜利，所以在适当的时候她们懂得如何收手，以免让矛盾恶化。

温和的矛盾处理方式，是婆媳关系融洽的一种有效手段，这需要婆媳之间的相互理解，也需要婆媳在矛盾开始有激化苗头的时候巧妙处理。聪明的婆婆知道，在这个时候不再适宜跟自己的媳妇进行争辩，而要做的是适当地开一点无关痛痒的玩笑，来给矛盾降降温。就像是人们所说的，玩笑总是有这样的一种魅力，它可以化解所有的尴尬，从而让处于尴尬中的人自由呼吸；当然玩笑也总是有这样的一种特效，它可以让矛盾不再升级，而是慢慢地下降。所以，在婆媳相处中也就出现了这样的一个准则：矛盾无大事，一句玩笑全了事。

莉香跟程明结婚十年了，夫妻之间并没有像别人所讲的那样出现三年之痛，也没有出现七年之痒，更没有因为婆媳关系而让夫妻感情失和。当然，这一方面是因为莉香的懂事与孝顺，另一方面也跟婆婆的性格以及大度有关。莉香的婆婆是个典型的知识分子，她教了一辈子的书，退休以后开了一间老年娱乐室，每天都是乐呵呵地面对生活。平时的时候跟老人一起玩一玩，然后再帮莉香带带孙子、做做家务，日子也过得舒心。

当然，这样的生活也并不是一直无风无浪的，莉香跟自己的婆婆也并不是没有一点矛盾或者隔阂。其实跟所有的婆媳一样，莉香有时候也会跟自己的婆婆因为一些事情发生一些争执，甚至是一些矛盾、误会。但是每次她的婆婆发现争执得有点过火的时候总会适当地说一两句玩笑话，引发她的欢笑。然后矛盾往往也就这样被化解了，心里的那些压抑的感觉也会烟消云散。莉香知道，这是她婆婆为了让婆媳关系融洽所作的让步，也是婆婆对自己的包容。所以更多的时候莉香也会反思自己的语言与行为，在生活中也会跟婆婆好好相处。

婆媳关系的维护在于双方的努力，也在于双方的包容与理解。婆婆作为长辈更应该在与媳妇相处的时候懂得去化解一些矛盾，让婆媳相处没有什么隔阂。就像是故事中莉香的婆婆一样，在与媳妇有了争执的时候懂得用一些玩笑的话语，用幽默的表达方式来化解婆媳之间的误会，消除那些矛盾，从而让婆媳之间的相处更加容易，也让整个家庭在彼此的维护中变得更加幸福，生活变得更加美好。

婆媳的关系也在于经营。婆媳之间有矛盾很正常，有误会也在情理之中，关键是要看婆媳如何去面对、如何去处理。聪明的婆婆知道在与媳妇有了争执有了矛盾之后，如何去给矛盾降温，而不是升温，并且也知道用语言的艺术去化解，开一两句玩笑，从而让那些矛盾在彼此的理解中烟消云散。

一句玩笑的话语总能够给人们之间的相处带来一些惊喜，也总能够在不知不觉中将尴尬清除，将误会化解。婆媳之间的相处也是一样，在气氛紧张的时候不要硬碰硬，也不要沉默不语进行冷战，而应该多说一些玩笑的话语，来调节尴尬的气氛，多一些微笑与温暖，来拉近婆媳之间的距离。

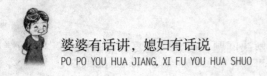

媳妇有话说

自我开涮，婆婆一笑就忘了批评

　　婆婆批评媳妇很正常，然而，面对婆婆的批评，不同的媳妇会有不同的表现，当然，不同的表现方式也会导致不同的结果，要么使婆婆平息了怒火，要么将婆婆惹毛，上演一场家庭内战，最终的结果可想而知，婆媳因此而大动干戈，甚至大打出手，闹得整个家不得安宁不说，男人夹在中间受气受罪，更加糟糕的是，让别人看笑话，说出去婆婆和媳妇脸上都挂不住。

　　一家人的和睦和幸福是最重要的，要比那些自尊、面子之类的事情来得更实际、更真实，婆媳之间相处好了，一家人也跟着沾光，一个祥和安宁的家庭，许多事情都会更加幸运、更加顺利，因为家和万事兴，家不和，又何谈万事兴呢？同样，每天相互置气争斗的婆婆和媳妇，自然无法将所有的心思花在经营家庭上面，而总是想着如何同对方斗智斗勇，这样的家，凡事都不会那么妥当，家人也不会感觉到任何的温暖和幸福，婆媳之间更是反目成仇，谁心里都不好受，别人自然也会当笑话看，所以，要想家庭幸福、和睦，首先要懂得婆媳相处之道。

　　其实，面对婆婆的批评，不管自己对还是错，有理还是无理，最好的方式都是先将自己进行剖析，进行自我开涮，在婆婆面前忏悔，表达自己后悔的心情，勇敢地承认错误并保证一定记住教训下次改正，绝不再犯，再犯小狗。婆婆一笑，自然就避免了一场争斗。那么，面对愤怒以及批评自己的婆婆，媳妇究竟该如何做呢？

（1）主动承认错误，承认婆婆说得对

对于认错的孩子，大人还是能宽恕和原谅的，在婆婆面前媳妇也是孩子，做错了事情，面对婆婆的批评教训，要勇于承认错误，并保证以后不会再犯，这样，婆婆自然也就消了气、熄了火，婆媳内战也会平息。

（2）拿自己开涮，化解婆婆的怒气

面对盛怒的婆婆，做媳妇的要懂得拿自己开涮，不管自己有理没理，错了还是对了，既然婆婆在气头上，就应该学会巧妙地避开，承认错误，进行自我批判，态度越诚恳越好，大多数情况下，面对诚心悔改的媳妇，婆婆再多的怒气也会被化解。但是，千万不要在婆婆生气的时候去理论。哪怕当时真的是婆婆错怪了你，你可以等婆婆不生气了再找她说清楚事情的原委，这样婆婆自然会理解你的一番苦心，也会觉得你懂事乖巧。

（3）千万不要发脾气，这样只会将关系搞僵

都说冲动是魔鬼，任何人在冲动的时候也就是被魔鬼掌控的时候，所以，面对怒气冲冲的婆婆，做媳妇的就不能再冲动了，要知道，此刻的婆婆，早已被魔鬼所掌控，魔鬼的手段是何等的残忍，或许大家都在电视中看见过吧，所以，这个时候你就不能生气，不能让魔鬼控制了你，这样一来，两个被魔鬼操控的女人，谁都无法预料她们会说出什么话，做出什么事情，或许，什么话都说得出，什么事都做得出吧。因此，面对怒气冲冲的婆婆，做媳妇的只能是退一步，尽量让婆婆平息怒火，免得将婆媳关系搞得更加糟糕。

　　笑笑是个典型的80后媳妇，平时大大咧咧的，花钱也大手大脚的，结婚后，进了婆家的门，让她无法忍受的是遇到了一个小气抠门的婆婆，婆婆自然也受不了笑笑花钱没有节制，所以，婆媳之间就因为这件事情经常闹得不可开交。

　　刚开始的时候，婆媳双方因此而吵闹不休，吵完后就相互置气不理对方，好长时间才会和好，但是，笑笑还是无法改变花钱大手大脚的习惯，婆婆看见了自然还是免不了一顿臭骂，每次都骂："跟你说了多少遍了，钱要省着花，家往细处过，你就是不听，真是狗改不了吃屎！"笑笑听了，自然搬出自己的一大套理论："妈，女人要会赚钱，也要学会花钱，你说你这大半辈子了，省吃俭用的，也没见省了多少钱，自己却受了不少罪，何必呢？现在让我走你的老路，我傻啊，我才不干！"婆婆自然气得一句话都说不出了，只能转身离开，之后又好几天和笑笑不说话。

　　这样的事情，真的数都数不清了，后来，笑笑面对婆婆的批评和唠叨，有了新的策略，那就是，每次花了钱被婆婆发现，不管婆婆说什么，她都不去理论，等婆婆心情好了就赶紧承认错误，说："妈，我错了，我不该买这么多的东西，又忘了节约了，我自己现在也后悔得很，保证以后再也不这样了，下次买之前，一定想想妈对我说的那些话、那些教导，这次你就原谅我吧，你大人有大量，不和我一般见识，好吗？"婆婆听到媳妇这些道歉并诚心悔改的话，自然怒气消了大半，也不会被气得转身就走，顶多再说一大堆的道理，笑笑也只是听着，点着头，笑笑而已。这样一来，婆媳之间相处得越来越好了。

　　笑笑在面对生气的婆婆的时候，能做到自我检讨，承认错误，并保证以后改正，她下次是否真的能改正，这个并不是最重要的，重要的是她能在婆婆生气的时候懂得迂回之术，而非火上浇油，这其实也是婆媳之间相处的一种方式，也是一种比较明智的办法，值得媳妇们学习。

做媳妇的毕竟是晚辈，给婆婆认个错、道个歉，没有什么丢面子的，懂得示弱，懂得避开火势，那是一种明智的选择，更是一种聪明的表现，未必当媳妇的能斗得赢婆婆就算了不起，其实，那才是愚蠢的表现，试想一下，对于一个家而言，有什么能比和睦幸福还重要的呢？

相处之道

媳妇只要懂得婆媳战争的危害，懂得婆媳相处之道，自然就懂得在面对愤怒的婆婆的时候，什么话该说，什么话不该说；什么事该做什么话不该说，什么事不该做，也就顺理成章地掌握了婆婆的心思和婆媳之间相处的关键了。面对盛怒的婆婆，媳妇要做的就是忍耐，不要做任何有可能激怒婆婆的事情，不会说话就少说，多点头，多认错，就不会有错，否则，只会将矛盾更加激化。

善用幽默来打岔，转移婆婆的注意力

婆媳关系是极为敏感而且讳莫如深的，可以说，婆媳关系不仅是影响婚姻幸福、家庭安宁的杀手，更像一颗恶性肿瘤，是家庭内战的最大诱因，其影响力和杀伤力绝对够强。对于媳妇而言，婆媳经是一门必修的课程。然而，尽管大家都在认真研习这门学问，但是，对于许多媳妇而言，还是无法避免婆媳矛盾的发生，尽量小心谨慎，往往还是无法避免一场婆媳大战，那么，既然战争无法避免，就应该想办法将战争的破坏力降到最低，媳妇可以试着用幽默来打岔，转移婆婆的注意力。

面对婆媳之战，或许更多的时候无法分出输赢，不管结果如何，受伤的往往是婆媳二人，甚至还波及全家，所以，在这一场分不出输赢的内战中，双方要看清楚形势，也要想明白结果，既然是家庭内战，就是不会影响到别人，只会伤及自己和家人，影响家庭的安定幸福。因此，明智的婆婆和媳妇是不会让内战爆发的，总会想方设法将战火熄灭在萌芽状态中，如果实在无法压制，那就应该学会用一些方式和方法，让战争的损害降到最低，那么，就应该需要婆婆或者媳妇中的一方作出退让。

婆媳战争中，退让的一般来说应该是媳妇，毕竟婆婆是自己的长辈，媳妇应该尊重，应该给予更多的迁就和包容，而且，媳妇让步也是情理之中的事情，那么，媳妇究竟该如何让步呢？其实，最好的方法就是巧妙地用幽默来打岔，让婆婆的注意力有所转移，而非直接和婆婆针锋相对，争个你死我活，甚至拳打脚踢，任何冲动和鲁莽的做法只会将矛盾激化，那么，媳妇究竟该如何做呢？

（1）打破火药味十足的气氛，用甜言蜜语化解婆婆的怒气

一般而言，婆婆不会平白无故地生气或者发脾气，肯定是媳妇惹到了婆婆，或者做了让婆婆生气的事情，所以，当婆婆正在气头上的时候，媳妇就不要拉着脸，用同样的脸色对待婆婆，更不要用生气的口吻和婆婆说话，聪明的媳妇这时会找一些好听的话说给婆婆听，用一些甜言蜜语对付婆婆，相信，婆婆再生气，也伸手不打笑脸人吧，说不准婆婆看到媳妇的样子，心中的怒火会平息呢！

（2）婆婆骂，你就笑，把她的话当笑话

假如做媳妇的有惹怒婆婆的本事，就应该有将婆婆哄好的本事，否则，你就不要惹婆婆。其实，惹火了婆婆也不是什么大不了的事情，哪怕她怒火冲天，骂你个狗血淋头，你也不要试图还回去，在婆婆面前，以牙还牙的说法行不通，也最好不要施行。一直以来，媳妇和婆婆之间比试一个输赢或者高低没有实在的意义，吃亏的最终还是自家人，所以，媳妇要懂得一些战术，婆婆骂你，你最好能笑，并且不要在意婆婆说的话，就权当笑话听听得了。

汪娟结婚后，发现婆婆刀子嘴，豆腐心，平时没有什么坏心眼，就是爱唠叨，但对待媳妇还真不算坏。但是，汪娟尽管知道这一点，可还是受不了婆婆每天的唠叨，更受不了婆婆遇到大事小事就唠唠叨叨没完没了，刚开始相处的时候，汪娟面对婆婆的唠叨时不时地还会理论两句，顶两句嘴，但是，后面她慢慢地发现，顶嘴争论只会惹得双方更加生气，不利于团结，也不利于培养彼此之间的感情，后来汪娟在老公的指导下改变了和婆婆相处的方式。

因为老公平时最能惹婆婆生气了，婆婆一生气就一顿臭骂，但是不管怎么骂，老公都只是嘿嘿一笑了之，婆婆自然骂得没意思，也就没脾气了，没过几分钟，老公就会跟没事一样问婆婆："妈，咱家今天吃什么饭啊？我想吃红烧排骨！"就问这些无关痛痒的问题，甚至很白痴的问题，而婆婆居然一点气也没有了，跟没事发生一般笑着说："还想吃红烧排骨呢？成天就知道惹你妈我生气，能给你吃稀饭就是我仁慈呢！"但是，晚饭的时候，老公还是吃到了红烧排骨，一脸幸福的样子。于是汪娟就向老公取经，不管以后婆婆如何生气，骂得如何凶，她都当没事一样，该干啥还干啥，果然，汪娟抓住了婆婆那点心思，将婆婆的气话当成笑话，根本不在乎，自己也不再因为这些事情而生气了，婆媳关系反而更好了，婆媳之间也越来越像母女了。

故事中汪娟和婆婆的故事，或多或少给了我们一些婆媳相处的经验，其实大多数婆婆，批评媳妇几句，或者骂媳妇几句，都是很正常的，总有媳妇能在婆婆的骂声和批评声中不断进步、不断坚强，最终将脸皮练得很厚，而有的媳妇，无法忍受婆婆一丝一毫的说教，动辄就翻脸、发脾气，势必会引发一场家庭内战，内战的主角当然是婆婆和媳妇，一家人为此也不得安宁。

其实，能将婆婆的批评和训斥当成笑话的媳妇，不仅仅是因为她脸皮厚，功夫到家，更是因为她理智，充满智慧，她不想和婆婆计较，因为她明白，和婆婆计较不仅是和自己过不去，而且是和自己的幸福过不去，既然百害而无一利，何必为之呢？相反，能看淡婆婆的

训斥或者怒骂，就证明相对于面子和争一时的痛快而言，媳妇更看重婆媳之间的和睦相处和家庭的幸福，这恰恰是值得所有媳妇学习和效仿的。

谁说婆媳之间的内战无法平息也无法化解？其实，最主要的是要看双方如何去做了，明智的婆婆是不会和媳妇计较太多的，毕竟媳妇是儿子爱的女人，是要和儿子过完后半生的女人，就算仅仅是为了疼爱儿子，也不应该和媳妇大动干戈。而媳妇呢，只有糊涂的媳妇面对

生气的婆婆才去置气，那样只会将战火烧得更大。聪明的媳妇，即便是在婆婆怒火冲天的时候，也能平静地笑看一切，甚至还可以用幽默来打岔，转移婆婆的注意力，这才是值得媳妇们钻研的学问。

开着玩笑提意见，说者有心听者不烦

婆婆看不上媳妇，媳妇瞧不惯婆婆，这是再自然不过的事情，毕竟婆媳之间有很大的代沟，生活习惯和受教育的程度也有很大的差别，再说，婆媳尽管是一家人，但并没有血缘关系，更不是亲生母女，不能像真正的母女一样相处，经常也为一些事情而吵吵闹闹，为一些鸡毛蒜皮的事情而闹得不可开交。其实，更多的时候，婆媳之间也可以试着心平气和地坐下来谈一谈，用玩笑的方式提出一些意见，相比教训和大喊大叫而言，对方更容易接受，也不会感觉到烦。

婆婆对媳妇，没有像对儿子那么多的爱心和耐心，她不会像教育儿子那样不厌其烦甚至重复很多次，一般而言，对于婆婆强调过或者叮嘱过的事情，媳妇需要做的就是一次性将它们记住，并且做好，坚决不能做错，如果错了，婆婆往往不会觉得是媳妇能力有限，或者完全是想法失误，婆婆会觉得媳妇是故意的，是不尊重自己、不听自己话的表现，当然，这个时候，再优雅、脾气再好的婆婆，也难免会生气。

同样，媳妇不会真正将婆婆当自己的亲妈，所以，许多亲妈可以对自己说的话，做的事情，对于婆婆而言，是绝对不行的。媳妇既然无法将婆婆当作自己的亲妈，所以，内心难免有所抵触，在面对一些问题的时候，就无法理智而公正地作出评判，往往会误解对方的意思，怀疑对方的用心。

萌萌自从结婚后，就发现婆婆一直对自己娘家不太满意，尽管婆婆没有直接地说出来，但是，从婆婆的言辞之间以及平时对待自己娘家的态度上，萌萌就心知肚明了。不过看在婆婆一直对自己不错的份上，萌萌也就没有太过计较，因为她觉得，毕竟两个家庭有不同的生活方式和习惯。

但是有一次，萌萌准备回娘家，而且准备给父母买点补品，于是就随便说了说，也没有请示婆婆的意思，毕竟她自己有工资，孝敬自己的父母也是合情合理的事情，但是，婆婆听到后，面有不悦，虽然没有直接说出来，但是她建议萌萌，说自己家里有两盒燕窝，刚好可以带给萌萌妈妈吃，不必买补品了。萌萌很清楚，那两盒燕窝还是两年前别人送给婆婆的，送来的时候就差不多要过期了，现在放了两年，肯定是过期了，婆婆让自己拿着过期的补品去给自己的妈妈，实在是有点过分。但是当时，萌萌并没有直接说出来，而是笑着说："妈，我妈妈对燕窝过敏，她那个人没有吃好东西的命，都说燕窝是女人的圣品，但对于我妈妈而言，还不如一碗粗粮来得实惠，燕窝还是留着您吃吧！"

婆婆听到萌萌的话，自然明白萌萌的意思，她也觉得自己有点太过分了，明知道那燕窝过期了，还让媳妇带回去给她妈妈吃，这样被媳妇一说，婆婆的脸立刻红了，但又不能生气，这样不就显得自己是故意的了吗？于是她吞吞吐吐地说："哦，我还不知道呢，我以为她可以吃燕窝，既然过敏，那可不能带回去，吃出问题了我可承担不起，你还是自己给她挑点补品吧！燕窝还是留着我自己吃！我还舍不得给别人呢！"萌萌心里清楚，婆婆这是在给自己打圆场，心中觉得一阵好笑，也就只点了点头，没有再说什么。这件事情过去之后好多天，萌萌有一天故意将过期的燕窝拿出来，对婆婆说："妈，你可不能吃这个呢，你看，这都过期了，千万不能吃，小则拉肚子，大了还说不准呢，还好你没有吃，不然麻烦就大了！"

婆婆听到媳妇的话，故作惊讶地说："真的吗？你看清楚了吗？妈老了，眼花了，也不懂什么过期不过期的，还好你机灵，告诉了我，不然我还准备打开吃呢，这真的要是过期了，吃坏肚子了咋办？还会给你们添麻烦！"婆婆拿起燕窝，故意眯着眼睛看日期，萌萌在一边观望着，心里乐着，其实，婆媳心里都很清楚，那燕窝本身就是过期的，家里谁都知道，但此刻，婆媳都装作才知道的样子，无非是为了保全自己的面子，也是为了给对方面子。

其实，萌萌无疑是个聪明的媳妇，她不去和婆婆直接发生冲突，也不会直接将婆婆的错误指出来，更不会当面给婆婆难堪，即便是婆婆故意想将过期的燕窝送给她妈妈的时候，萌萌依旧能巧妙地打消婆婆的念头，不去拆穿婆婆，让婆婆丢面子、觉得难堪，而是以一种轻松的类似开玩笑的方式化解了此事，自己也不吃亏，也不会伤及婆媳之间的和气，让当婆婆的也乐于接受，还能从媳妇的大度和理解之中，反思自己的错误，并改正错误。

婆婆在媳妇面前，都不会太主动地承认自己的错误，即便在面对一些事情的时候，她明明知道自己错了，还会执意坚持自己错误的意见和想法，当然，对于婆婆的一些意见和不满，媳妇不能直接当面提出来，像批评教训孩子一般直截了当。要知道，婆婆毕竟是长辈，哪有晚辈批评长辈的道理，所以，媳妇可以通过其他的方式，让婆婆明白自己的错误，而且还不伤及婆婆的自尊和面子，这样婆婆也会虚心

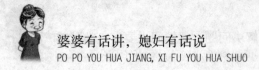
听取意见，更会从内心深处感激媳妇。

　　每个人都顾及自己的面子，婆媳之间相处，要懂得给对方留面子，维护对方的尊严，做媳妇的更应该懂得这个道理。媳妇毕竟是晚辈，在婆婆面前失了面子也无关紧要，但是，却不能给婆婆当面难堪，婆婆都不愿意在晚辈面前丢面子、失了尊严，所以，媳妇对婆婆有意见的时候，可以通过开玩笑的方式，委婉地提出一些意见和建议，表明自己的立场和态度，或者，说者有心，听者也不会厌烦，从而更容易接受。

把让婆婆笑喷作为吵嘴的最终结局

　　婆媳吵架有很多原因，有很多方式，也分很多级别，当然，最终也会出现不同的结局。一般而言，婆媳吵架激发一场家庭内战，祸及全家人，甚至一个完整的家因此而变得支离破碎，这是婆媳吵架程度

　　最严重、危害也最大的结局，没有多少人愿意看见，也不是每个人都能接受的。但是，婆媳吵架的结局如果是将婆婆惹得笑喷，那恰恰是另一种状况了，这样吵架的结局，不仅不会引发婆媳大战，反而会为婆媳矛盾画上完美的休止符，甚至还会让婆媳之间因此而更加友好地相处。

　　当然，能在吵架的时候将婆婆逗得笑喷，这不是每个媳妇都能办

到的，也并非说说就能实现的事情，这需要媳妇不断地修炼，练到一定的境界和程度。但是，不管如何，这也是许多媳妇所追求的终极目标，也是考验媳妇能力的一道难题，这不仅对媳妇的基本素质和能力有一定的要求，更对媳妇的韧性、耐心、包容及理解能力，甚至对媳妇的幽默细胞都有更高的要求。

在婆媳吵架的过程中，能将婆婆逗得笑喷，这种功夫不是一朝一夕就能练就的，也并非所有修炼了的媳妇都能取得成绩，这还要依据婆婆的个性，投其所好，再加上一定的技巧和方式方法，将气急败坏或者怒火冲天的婆婆逗笑，这个玩笑还不能开得太俗气，更不能低俗，要巧妙、要富有涵养、要恰如其分，那么，媳妇具备哪些基本的素质才有可能将盛怒中的婆婆逗笑呢？

（1）不瘟不火，不急不慢

任何冲动和暴躁的情绪都只会将矛盾更加激化，面对盛怒的婆婆，媳妇首先要做到不瘟不火，不急不慢，不能因为婆婆大吼大叫自己就失了分寸，不能因为婆婆恶语伤人自己就以眼还眼以牙还牙，要明白，婆婆是老公的妈妈，是自己的长辈，不仅要尊重，更要懂得礼貌。长辈训斥晚辈没有太大的错误，但是晚辈顶撞长辈，那就是晚辈素质低下的问题了。婆婆再急，但媳妇不能急，面对婆婆的怒斥，媳妇最好认真听着，点头称是，不要顶撞，不去据理力争，等婆婆骂够了，气消了，如果婆婆冤枉了自己，可以去委婉地说明。

（2）学会微笑，一直微笑

或许，当婆婆怒气冲天的时候媳妇仍然微笑，这并非每个人都能做到的，但是，要学着去做，不管婆婆骂得多难听，多不堪入耳，假如媳妇能一直微笑着面对婆婆，相信没有几个婆婆会一直骂下去，一直不依不饶，顶多说："脸皮真厚，嬉皮笑脸。"而后，消了气，熄了火，该干啥还干啥。当然，媳妇也要有接受婆婆被直接气笑的准备，气笑了婆婆，也算媳妇成功了，毕竟婆婆还是笑了，而这个时候，媳妇一定要记得多说点好话，多承认错误，婆婆估计也会从气笑到真笑。记得，媳妇一直要保持微笑，说话也不能带气。

（3）来点幽默，让婆婆笑喷

经过了上面的处理，相信婆婆内心的怒气早已化解了许多，婆婆肯定也不会再去追究媳妇的错误。另外，媳妇如果还想让婆婆开心点，那就适当地来点幽默吧，调动自己所有的幽默细胞，尽量恰当而不失礼数地将婆婆逗笑，这样开怀一笑，心中所有的怒气肯定消了，婆婆也会从心里对媳妇更加佩服。

小美结婚进了婆家的门之后，一直辛辛苦苦地上班，为了这个家她不辞辛劳、毫无怨言，当然，婆婆对于小美也很欣赏，小美不仅是都市白领，有着体面的工作和高薪，对自己和儿子也照顾得很好，但是唯一的一点，就是小美一直没有怀孕的迹象，这让做婆婆的每天犹如热锅上的蚂蚁一般，着急不已，好多次都找小美私聊，但小美每次都只是笑笑，说："妈，你着急什么，该有的时候自然就有了，该来的时候，你会抱上孙子的！"婆婆听了也没有办法。

有一次，婆婆偶然发现了小美一直在服用避孕药，这才明白了小美这些年不怀孕的原因，于是，生气地跑到小美面前质问小美，小美知道事情败露了，狡辩只会将婆婆惹怒，于是就承认了错误，保证以后再也不吃避孕药了。但是婆婆却怒气未消，一想到这些年她盼孙子的那份心情和抱不上孙子的遗憾和伤心，就恨不得将小美揍上一顿，于是大骂道："你这个没良心的，是不是嫌我们家待你不好，怕生了孩子不能全身而退，还是你对我儿子藏了什么私心，你知道吗？女人不生孩子那就什么都不是，人家养只老母鸡还下蛋呢？你连下蛋的鸡都不是！"小美听了婆婆的话并没有恼怒，而是笑着说："妈，我怎么能是老母鸡呢？你见过谁家的老母鸡会给婆婆生孙子，老母鸡只会生蛋，但蛋是孵不出来大胖孙子的，还有，谁家的老母鸡会赚钱？"

"我的意思是你不生孩子就像老母鸡不下蛋一样，没用！"婆婆听了小美的话，接着说。

"妈，你怎么老拿我和老母鸡比啊？如果我哪天真给你下个蛋，那还不把你给吓死！"小美还是笑着说，并走到婆婆跟前，将婆婆按在沙发上，给婆婆一边按摩肩膀一边没心没肺地说："妈，别生气了，我错了还不行吗？以后我一定听你的，使劲地向老母鸡学习，坚持每天下个蛋！"

婆婆听到这里，忍不住笑了，"瞎掰啥啊，我说的是你赶紧再不要吃那什么破药了，赶紧给我生个大孙子，我就饶了你，不然，我饶不了你！""好的，我都说了一切听妈的，你让我下蛋我都愿意！"小美接着说，看到婆婆消了气，她就更加肆无忌惮了。"贫嘴，你就知道贫嘴，总有一天我会被你气死！"婆婆终于笑出了声。

就这样，小美通过胡搅蛮缠和无厘头，化解了婆婆心中的怒火，平息了一场婆媳战争，对于小美的做法，尽管并非所有的媳妇都能做到，但是，也值得大家学习学习，当然，小美是因为很清楚自己婆婆的脾气，才会肆无忌惮地开玩笑。

所以，对于媳妇而言，面对不同的婆婆，要有属于自己的方式和策略，这也需要媳妇灵活变通了，不管是什么样的婆婆，面对媳妇的笑脸和诚心承认错误并保证以后改正的态度，再大的怒气也会被化解。

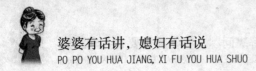

再固执的婆婆，也应该懂得给媳妇一个台阶，因为这也就意味着给自己一个台阶，既然有台阶了，哪有不顺势而下的道理呢？

　　没有人愿意成天闹得家里不得安宁，更没有几个媳妇愿意成天和婆婆战火纷飞，闹得不可开交，这不仅会伤及婆媳感情，影响婆媳关系，破坏家庭安定和谐，对夫妻感情也百害而无一利，更重要的是，自己也伤心伤肺伤身伤神，在外人听来，也落不得好名声，甚至会成为别人茶余饭后的笑谈，所以，媳妇也希望和婆婆好好相处。可是，生活中，难免会惹怒婆婆，难免会遇到吵吵闹闹的时候，媳妇可以试着将吵架的结局改变一下，给大家来个意想不到的惊喜，那就是想方设法将婆婆惹得笑喷。

第七章 平等交涉，可以少讲理但别不讲理

　　婆媳之间，尽管有着长幼之分，但毕竟也只是两代人之间的亲情关系，并非水火不容的关系，其实，婆媳之间发生问题和矛盾是很正常的，不管发生了什么问题，有多大的矛盾，通常都没有绝对的谁对谁错，也不必去刨根问底地追究责任，毕竟婆说婆有理，媳说媳有理，清官还难断家务事呢！所以，可以试着去平等交涉，适当地讲讲道理，将各自想说的、该说的话说清楚，千万不要不讲理，这样只会将矛盾激化。

给媳妇机会说话，但结果必须是我赢

婆婆总喜欢站在家长的立场上，盯着媳妇的一举一动，只要媳妇有疏漏或者犯了错，婆婆总会觉得媳妇不够优秀，甚至很笨，也总想唠叨几句，但是，却不希望媳妇发表自己的意见，无法忍受媳妇的顶嘴和狡辩，更不能接受儿子站在媳妇身边帮媳妇说话，即便给媳妇申辩的机会，也希望媳妇是在尊重自己的前提下进行的，争论的结果也必须是婆婆胜出。

婆婆喜欢站在家长的立场上，居高临下地对待媳妇，喜欢用一种严肃的教训口吻和媳妇说话，而且还动辄就说："我吃过的盐比你吃过的饭都多！"的确，婆婆不管是从年龄还是生活经历都要比媳妇丰富得多，许多媳妇没有见过的事情她都经历过，所以，有些时候，媳妇听她的没有错，毕竟婆婆是长辈。但是，更多的时候，媳妇也有自己的思想，有自己为人处世的习惯和方式，有自己对一件事情的态度和看法，如果达不到婆婆的要求，双方意见的分歧会导致矛盾的产生。

婆媳之间一旦发生矛盾，双方势必会针锋相对，婆婆说婆婆有理，媳妇说媳妇没有错，一场口舌之战往往在所难免。婆媳战争自古以来就是家庭里面无法避免的顽疾，因为婆媳之间的不和，不知道有多少家庭处在水深火热之中，又有多少夫妻因为婆媳之间的矛盾，导致感情越来越糟糕，甚至最终迫不得已走到了婚姻的尽头。对于这些家庭的不幸，我们在痛恨婆媳矛盾的同时，也要引以为戒。婆媳之间，尽量找一种合适的方式去好好相处，即便是在双方发生口角的情况下，也应该掌握好分寸，婆婆也不要总是盛气凌人地对待媳妇，当发现媳妇犯错的时候，给媳妇解释的机会，更要给媳妇改正错误的机会。

芸芸是一位白领，平时花钱毫不含糊，在她看来，衣服、鞋子、包包必须是名牌，首饰这些自然更不用说了，她认为女人首先要舍得给自己投资，不能亏待了自己，人生苦短，几十年昭华转眼而逝，尤其是女人，容颜苍老的速度堪比火箭，转瞬之间，青春就会消逝，何不趁着年轻享受生活、快意人生呢？当然，她选择丈夫的标准也和她的这种观念分不开，她要的是"高富帅"。

芸芸通过努力，终于觅得如意郎君，老公是一家大集团的CEO，各方面条件都很优秀，当然符合她的择偶标准，很快他们就走进了婚姻的殿堂。结婚后豪门有太多的规矩，芸芸为了自己的幸福生活，当然首先要讨好婆婆。婆婆是那种豪门阔太太，身上珠光宝气不说，说话做事自有自己的主张，她觉得做媳妇的无非就是相夫教子、伺候公婆，尽管他们家里有两个保姆，但是，她认为媳妇也应该懂得烹饪，会做美食。所以，芸芸进门之后，婆婆就坚持让芸芸学习烹饪，并且请了师傅来教，芸芸对婆婆的独断专行恨在心里，但又无法违背，只能很不情愿地学习做饭。还有就是婆婆要求芸芸辞职在家做全职太太，照顾儿子的饮食起居，但是芸芸一再坚持要上班，最终婆媳二人因此而闹得不开心。

渐渐地，婆婆发现芸芸花钱也没有节制，每个月儿子给她的钱都不够花，她不仅喜欢买奢侈品，还常常偷偷地拿钱给自己娘家，甚至给家人买了大房子。婆婆当然很不乐意，毕竟那是他儿子辛苦赚的钱，媳妇却如此挥霍，自己花也就罢了，还给别人花。婆婆找了机会和芸芸谈，但是芸芸矢口否认，婆媳不欢而散，彼此之间从此有了芥蒂，关系越来越糟糕。婆婆动不动就在儿子面前揭穿媳妇，并且丝毫不给芸芸解释的机会，当然，这样的错误也在于芸芸，长此以往，老公心里也不舒坦了，一气之下不仅停了给芸芸的信用卡，而且下了通牒，如果芸芸再乱花钱或者胡乱挥霍惹婆婆生气，就收拾东西滚蛋。这样一来，芸芸必须得有节制了，她害怕真的被老公扫地出门，当然，她对婆婆的恨也更深了。

做婆婆的应该试着尊重一下媳妇的意见，毕竟媳妇也有媳妇的思想和做事方式，婆婆可以管教媳妇，可以让媳妇做一些力所能及的家务，但是婆婆无权干涉媳妇的工作，更不能以任何借口要求媳妇辞职，还有一点，婆婆可以到儿子面前告状，可是，也不能每件事情都必须告诉儿子，男人有男人的工作，再说，面对婆媳的矛盾，最受气最难做的还是家里的男人，另外，有时即便说了，也于事无补，甚至只会将矛盾激化。

明智的婆婆最懂得与媳妇相处的艺术了，她不仅能站在家长的立场上管教媳妇，而且能让媳妇心服口服，她不必每天对媳妇大吼大叫，也不会让媳妇觉得自己很难接触，很不好说话，她也不会通过施加淫威去驯服媳妇。大多时候，她做事讲道理，说话在理，媳妇自然对她尊重，而且，面对犯错的媳妇，她更是有自己的道理，那就是，给她说话申

辩甚至狡辩的机会，但不管如何，结果必然是媳妇认了错，而且并没有因此而恨婆婆，只有做到这种程度的婆婆，才算是成功的婆婆。

媳妇可以保留证据，但不能拿证据当把柄

婆媳发生矛盾，大多时候争论不休的往往是孰是孰非的问题，想必没有几对婆媳愿意主动在对方面前承认自己的错误，因为承认错误就意味着向对方低头，向对方认输，甚至要向对方道歉，而且，在儿子或者老公面前也会觉得没有面子，不好意思，甚至会担心儿子或者老公因此而讨厌自己，不喜欢自己，所以，闹矛盾的婆媳双方也都极力要找出对方犯错的证据，甚至想方设法拿到对方的把柄，以便到儿子或者老公面前告状。

有时候，婆婆和媳妇之间，关系很微妙，婆婆每天都盯着媳妇，只要她有疏漏或者犯了错误，就会赶紧出现在面前，对媳妇大加批评一番，或者等儿子回来告一状，顺便试探一下儿子的心意，到底是站在自己一边还是站在媳妇一边，假如儿子站在自己一边，婆婆自然开心不已，而且，以后的日子，只要媳妇稍微一有风吹草动，就直接告诉儿子，让儿子替她收拾。假如婆婆发现儿子并非帮自己，而是站在媳妇一边，那么，婆婆自然不会大事小事都告状了，她定然会当面教训媳妇，或者搜集媳妇犯错的证据，将这些证据拿来威胁媳妇，一旦媳妇不听话或者不遵从自己的意愿，才将证据交出去，只要媳妇乖乖听话，可以当没事发生。

对于媳妇而言，也巴不得能抓住婆婆的把柄，而后在老公面前告一

状，当然，媳妇也知道，婆婆毕竟是老公的亲妈，老公一定会护着自己的妈妈，所以，聪明的媳妇没有十足的把握和证据，是不会直接到老公面前去说婆婆的坏话。可是，当媳妇一旦发现婆婆的严重错误，肯定不会手下留情，要么直接和婆婆理论，要么直接将证据给老公，这样，婆婆自然无法辩解。但是，不管是做媳妇的还是做婆婆的，都可以保留对方犯错的证据，可以交给家里的男人，但是，千万不要将这些证据一直握在手里，当成威胁对方的把柄，让对方一直听自己的支配，这样，只会让对方更恨自己。

刘明的妈妈自打儿子的第二任媳妇媛媛进门以来，左看右看都看不顺眼，她一直觉得媛媛是个狐狸精，是她这个小三的出现拆散了儿子和前妻幸福的生活，也打破了这个家原有的宁静，要不是念在她怀孕的份上，定然要好好教训她一番，但是无论如何，媛媛现在怀着自己的孙子，为了孙子，她这个做婆婆的也只能将媳妇当宝一样伺候着。

媛媛自然也对这位婆婆怨恨极深，想当初，自己要不是怀孕她才不会同意自己和老公结婚呢，所以，她现在既然进了这个门，她觉得，她有的是机会和时间来整治这位刁蛮婆婆。大家都猜得到，媛媛总拿自己怀孕说事，成天要吃这个要吃那个，婆婆只好给她乖乖地买回来，她一边吃着，一边寻思着，如何才能好好地整治一下这个老太婆，于是，一次晚饭的时候，她饭没有吃几口就抱着肚子喊痛，这下婆婆和老公都吓坏了，老公正准备送她去医院，她说："没事，不用了，估计是吃了剩饭的缘故！""妈，你怎么能给媛媛吃剩饭呢？她现在怀孕，不仅需要各种营养，而且饮食要特别注意，剩饭能给她吃吗？再说媛媛，你知道是剩饭，干吗还吃，这不自己找麻烦吗？"刘明很生气地说。"我，我没让她吃剩饭啊？剩饭都是我自己吃的，为了我的孙子，我也不会让她吃剩饭啊！"刘明的妈妈觉得很委屈，本来她没有给媳妇吃剩饭，现在她肚子疼了，居然怨在自己身上。"妈，你看她都疼成这个样子了，吃了就吃了，以后注意就行了！媛媛，要不要紧，以后即便妈让你吃，你也别吃！"媛媛听到老公的话，自然内心开心不已，本身她自己就是装的，只是为了让婆婆难堪，婆婆心里自然也明白是媳妇故意为难她，但是为了自己的孙子，她暂时忍耐着，这次小风波以媛媛最后胜利而告终。

又过了几天，婆婆无意中听到媛媛躲在卫生间和别人打电话，于是她就顺便听了听，因为平时儿子的电话或者其他朋友的电话，媛媛都会在客厅，甚至当着婆婆的面接听，这次躲在卫生间，肯定有什么猫腻。婆婆听得很清楚，媛媛在电话里说："我的好哥哥，你就放心吧，我怎么会忘记你呢？你是我生命中的第一个男人……"而且后面的许多话让她这个婆婆都脸红心跳，她生气极了，于是大声喊道："媛媛，你给我出来，我说你这个狐狸精，你都结婚有孩子了，你就不能安分点，什么哥哥呀妹妹的，什么第一个男人，你害不害臊，你对得起我儿子吗？"媛媛听到婆婆的骂声，自然也明白了婆婆肯定是听到了自己的话才发火的，也害怕她将这事说给老公听，所以她出来笑着说："妈，您想哪里去了，我只是和一个老同学打电话，说着玩的，这话您也当真，您太落后了吧！""你给我住嘴，你这个狐狸精，以后给我安分点，我会每天都盯着你，只要你一发骚，我就让我儿子跟你离婚！"婆婆气得脸色发白，但是她觉得这事先不能告诉儿子，免得他伤心，她要为儿子看住这个狐狸精，让她安分点。

媛媛虽然嘴上没有来硬的，但是心里谋划着，一定要抓住婆婆点把柄，这样一来自己才能在老公面前告一状，而且保证婆婆不敢将刚才的事情告诉老公。后来，她终于在婆婆的柜子里发现了自己丢失的金耳环，本来她就觉得上次耳环莫名其妙地怎么就丢了，没想到婆婆还来这一手，她立马效仿婆婆上次的做法，拿着耳环直接到婆婆面前："我说我的金耳环怎么就平白无故地丢了，原来你还有第三只手啊，真是让我意外，你看要不要我将这件事情告诉你儿子，让他重新认识一下他妈妈，看会不会有人害臊！"

"你，你居然翻我的柜子！气死我了！"婆婆自知理亏，的确是她上次看到金耳环眼红了，也恨儿子只知道疼媳妇，从来不给当妈的买，于是，她看见媛媛将耳环丢在地上，就顺便捡起来藏了起来，没想到，媳妇居然会翻自己的柜子。生气归生气，她很清楚，媛媛是说得出做得到的人，她可不想在儿子面前丢人，所以说："那好吧，你答应这件事情不告诉我儿子，你的其他事情我也不会告诉他，但是有一点，你不能做什么对不起我儿子的事情！"就这样，婆媳二人都抓着对方的把柄，相互抗衡起来，平日里明争暗斗，没有几天是消停的。

媛媛和婆婆之间从一开始就相互看不顺眼，所以，生活中吵吵闹闹自然无法避免，做婆婆的尽管看不上媳妇，但是为了自己的儿子和孙子，一味地迁就媳妇，媳妇却不知好歹，处处给婆婆难堪，但最终，婆婆听到了媳妇和别人打电话的事情，而媳妇却发现了婆婆偷自己耳环的事情，这样一来彼此达成了协议，相互都有把柄握在手里，这样的婆媳能处好关系吗？

相处之道

婆媳在一个屋檐下生活，总有许多彼此都看不习惯对方的地方，尤其是无法原谅对方所犯的错误，相信大多时候，不管是婆婆还是媳妇，当看到对方犯了错误，可以当面指出对方的错，让对方改正，但是，千万不要将对方犯错的证据保留下来，当成日后威胁对方的把柄或者直接交给家里其他的人，让对方难堪，这样不仅会极大地损伤对方的面子，也会让婆媳关系更加糟糕。

每年记笔账，看看帮了你们多少忙

父母都不想自己老了成为儿子的拖累，都想着能给儿子尽可能多地留下点财产，让儿子过上衣食无忧的幸福生活。当然，当妈妈的更是如此，她总是自己舍不得花钱，将钱悄悄地攒起来给儿子，而且，当妈妈的总是会每年记一笔账，看自己能给儿子帮多少，尤其是在媳妇面前，让媳妇清楚，婆婆不是没本事，也不是光吃饭不会做事的，也在尽量帮自己的儿子。

其实，父母最害怕的是自己老了，没有能力了，成为儿子媳妇的负担，他们不会去在乎自己曾经付出多少，也不去在乎将儿子养大成人的艰辛与功劳，只怕老了以后成为儿子的负担。所以，作为父母，如果有属于自己的养老金，那自然心里比较放心，这样尽管自己老了，但起码生活和基本的开销有保障，哪怕要儿子媳妇照顾，也总能帮儿子媳妇分担一些，最纠结的就是自己没有收入，又无法自食其力，只能靠儿子媳妇养活，这样的生活他们会觉得很没有自尊，尽管，养儿防老、积谷防饥是自古以来就有的。

做父母的，最无法忍受的就是儿子媳妇嫌弃自己，这比让他们干多少活、吃多少苦都让他们伤心痛苦，人老了，最害怕的就是受气，尤其是受儿子媳妇的气。生活中总有一些老人，因为自己没有能力，没有积蓄，还要拖累儿子媳妇而备受冷落和嫌弃，谁都能明白，物质基础决定上层建筑，也决定社会地位和家庭地位，一般而言，我们很少看见富裕家庭的公公婆婆受儿子媳妇的气，儿子媳妇巴结还来不及呢，因为父母手里握着大笔的财富，他们害怕得罪了父母自己拿不到财产，相反，对于那些没有收入和退休金的父母，许多都要看儿子媳妇的脸色行事，说话做事更是小心谨慎、战战兢兢。

杨姗结婚后就和公婆一起生活，公婆以前是工人，现在退休后有一些退休金，也只够维持一家人的基本生活开销，杨姗和老公也是普通的公司职员，每个月加起来四千来元钱，除去一般的花销，没剩下多少了，所以，一家人尽管日子过得去，但总是不宽裕，杨姗看见自己的一些同学如今都开上了车，身上全是名牌，或多或少有点羡慕和嫉妒，也怨叹自己当初怎么就选择了老公，假如能找个有钱的，自己也不至于现在过得如此拮据。

让杨姗心里更加不平衡的还有一个原因，就是自己的公婆也不争气，就那么点退休金，她根本就沾不到任何光，尽管现在住的房子是公婆一辈子攒下来的心血，但毕竟是老房子了，而且，总住在一起有许多不方便。杨姗不能明目张胆地直接将公婆赶出去，因为这样老公也不会同意，别人也会骂她，所以她就动不动给婆婆脸色看，还好婆婆是个性格温和的人，一般都只将委屈往肚子里咽，从不会直接和媳妇理论，更不会告诉儿子，很多时候婆媳表面上看起来也还是能相处的。

婆婆也明白，媳妇之所以给自己脸色看，主要还是因为自己和老伴没有什么本事，没有给儿子留下什么财产，可是，婆婆也觉得自己和老伴的退休金每个月都贴补了家用，一年下来，也不是一个小数目，所以，细心的婆婆每天都仔细地记着账，一来为了让自己心里有个底，二来将来可以拿出来给媳妇看，免得她老觉得自己一切都依靠儿子媳妇。

快年终的时候，媳妇因为要置办年货需要很大一笔钱，所以又给婆婆脸色，而且话里话外都夹带着刺儿，"别人家置办年货的钱都是公婆出，可惜我只能自己出，真是命苦啊！"她故意唉声叹气地说。

"你也不能这样说，你看我和你爸的退休金，每个月也不是都用作生活费了吗？我们也尽量想给你们减轻负担，虽然能力有限，但我们不是没有努力啊！"一直比较沉默的婆婆听到媳妇的话，觉得有点过分了，于是想理论一回。"每个月吃饭又花不了几个钱，再说，你每顿都青菜萝卜的，能花几个钱啊？"媳妇听到婆婆的话，有点生气地说。"不信你看，这是账本，里面清楚地记着我们每个月的生活花销，你自己看吧！"婆婆知道媳妇不会相信，于是就直接将账本拿给媳妇看。

媳妇一看账本，在心里还嘀咕着，是不是婆婆做的假账，但是，她仔细翻了一下，上面记的全是柴米油盐酱醋茶的花销，每次尽管只是几块钱或者几十元，但是，这一年下来，居然也花了一万多，所以，她也没什么话可说了，心想，要不是公婆的退休工资，这些钱再从她和老公的工资里面出，那一个月也根本存不下多少钱，买车更是猴年马月的事情。婆婆看见媳妇无话可说，自然也不去追究了，但心里也好受了许多，起码自己也帮了儿子媳妇一点忙，至于媳妇，也慢慢地发现，公婆尽管没有大的财富，但是也帮了自己不少，渐渐地对婆婆的态度也好了许多，这样一来，婆媳之间关系慢慢变好了，一家人也更加和睦了。

其实，故事中的情况，在现实中不胜枚举，这样的现象普遍而广泛地存在于生活之中，媳妇因为婆婆没有收入而故意刁难的不在少数，其实，这不仅是许多父母们的悲哀，更是儿子媳妇的悲哀，试想一下，当他们老了，是不是也会面临这种情况，除非他们有大笔的资产，否则，他们的子女也会效仿他们，他们父母今天的悲哀就是他们明天的悲哀。但是，故事中的婆婆，通过记账的方式让媳妇明白了婆婆并非对自己毫无帮助，从而改变了对婆婆的态度，也缓和了婆媳关系。

婆婆千万不能让媳妇看不起自己，所以，不管任何时候，都要尽力地去帮助儿子媳妇，有钱的时候出钱，没钱的时候出力，不要让媳妇给自己扣上白吃白住的帽子。而且，细心的婆婆也会有一本属于自己的账，看自己到底能帮儿子媳妇多少，不仅自己能做到心中有数，必要的时候还可以拿出来让媳妇看，媳妇一看就会明白！

有些话公开说，有些事私下讲

婆婆媳妇之间，更多的时候，说话做事需要公开，让家里的其他成员都知道，俗话说：公道自在人心，相信众人的目光是雪亮的。但是，同样作为女人，有些事情，有些话，需要私下讲清楚，这样，不仅很好地保护了对方的隐私权，也给对方留了面子，相信，对方一定会从心底表示感激。其实，更多的时候，婆媳之间应该开诚布公，起码应该让对方明白自己的心思，这样，或许通过沟通让彼此能达成意见统一，甚至理解包容，婆媳关系自然会更加融洽。

　　每个人都有属于自己的思想认识，也有自己对于一些事情的看法和见解，婆婆和媳妇也是这样，尽管在一个小家庭里面，没有太多轰轰烈烈、惊天动地的大事让婆媳发生重大的意见分歧，但是，每天都有一些琐碎的小事和小问题需要婆媳去面对，所以，矛盾是在所难免的，婆媳各执己见的情况也屡见不鲜。因此，婆媳之间，心里有话就应该用一种合理而巧妙的方式说出来，既要避免对方误解，又不能伤及对方的面子和婆媳之间的和气，只要说出来，或许通过大家的出谋划策，就能得到对方的认同和理解，真正找到解决的方式。而有时候，一些话，一些事情，只需要婆媳两个人知道就行，没必要惊动全家上下。可是，究竟哪些话要公开说，哪些事需要私下说呢？

　　（1）夸赞媳妇的话一定要当着大家的面说

　　当然，若想要婆婆夸奖媳妇，的确有点难度，不仅对于婆婆的要求比较高，对媳妇的要求更是很高，能得到婆婆夸奖的媳妇，必然具备好媳妇的标准，而且，绝对和婆婆关系很不错。做婆婆的，如果想夸奖媳妇，那一定要当着全家人的面夸奖，如果能当着外人的面夸奖媳妇，那就再好不过了。谁都爱听好话，作为媳妇，当然也希望得到婆婆的夸赞，平时她付出了，婆婆也看到了，而且得到了婆婆的夸奖，她以后只会将事情做得更好，也会和婆婆更好地相处。

　　（2）批评教训媳妇的话一定要私下说

　　每个人都会顾及自己的面子，尤其是在别人面前，所以，做婆婆的如果想批评教训媳妇，一定要找个没人的时间，私下和媳妇说。一定要晓之以理动之以情，这样，媳妇比较容易接受。不能劈头盖脸就一顿大骂，哪怕媳妇真的觉得自己做错了，但是一旦婆婆破口大骂，媳妇就很难接受，或许还会据理力争。切记不能当着众人的面指责批评媳妇，这样，媳妇会下不了台，或许媳妇当时只是沉默不语或点头称是，但是，婆婆驳了她的面子，她在心里也会怨恨婆婆。

（3）不要当着别人的面说媳妇娘家的坏话

大多时候，婆婆媳妇无法很好地相处，同样，两个家庭也无法很好地相处，因为一些小事情彼此抱怨、相互挤对。比如婆婆嫌弃媳妇娘家没给多少彩礼、抠门，娘家的妈妈嫌弃婆婆小心眼、爱计较，对自己的女儿刻薄，这些矛盾总是影响着双方父母的关系。做婆婆的，即便对媳妇娘家有多么大的意见，甚至有多么大的不满，也不能当着别人的面去抱怨，更不能逢人就说，见人就讲，这样，只会让媳妇更加难堪，也会让婆媳关系更加糟糕。

杨梅自从和老公谈恋爱的时候就很不受婆婆待见，婆婆一直觉得杨梅配不上自己优秀的儿子，她儿子怎么说也是个国家公务员，应该找个更漂亮、前途更好、家世背景更好的媳妇，而非杨梅这个要家世没家世、要相貌没相貌的私营企业的打工妹。但是，杨梅和老公的感情一直很好，所以，尽管婆婆极力反对，但最终他们还是领了证，结了婚。

杨梅是那种没心没肺、直来直去的人，尽管当时并不高兴婆婆的做法，但还是没有太往心里去，心想，跟自己结婚过日子的是老公，而非婆婆，但是，真正举行婚礼的时候，矛盾又出现了，婆婆说她朋友的女儿出嫁随了二十万元的嫁妆，而杨梅家同样是嫁女儿，才出了三万元，再就没有其他彩礼，这些话婆婆逢人就说，见人就聊，这让杨梅觉得很难堪，每次杨梅听到婆婆这样议论自己的父母，杨梅就想和婆婆理论。

　　杨梅有好几次给婆婆建议，让婆婆不要再当着那么多人的面说自己娘家妈妈的坏话，不管怎么样，她觉得爸妈好不容易将自己拉扯大，他们是经济困难了点，但他们也尽量多拿出钱给了她，婆婆没必要老揪着不放。但是，婆婆嘴上虽然答应，但见到别人照样还是会说起，一次，杨梅下班刚回家，就听到婆婆和自己的远房表妹在客厅聊得热火朝天的，看到杨梅进屋也没有丝毫的收敛，而且还说："杨梅那个妈呀，土得掉渣，不会穿衣打扮，一看就是个土老帽，还有她的爸爸，蔫不拉几的，三棒子打不出那个啥！"杨梅知道后面婆婆要说的是什么，所以，当时就怒火中烧，她顾不了那么多了，冲上去就给了婆婆一个嘴巴，"你再不住嘴，再敢说我爸妈的坏话，我就撕烂你的臭嘴！"那一刻，杨梅是豁出去了，她是受够婆婆了，再也不想和她有任何瓜葛了，这一巴掌下去，她知道自己肯定打散了婆媳情分，但是，她实在忍无可忍了。

　　当然，杨梅也为这一巴掌付出了代价，婆婆哭着告诉了老公，老公甚至不敢相信杨梅会打自己的妈，但是，他看见他妈妈微微红肿的脸，最终也相信了。两个人闹了几天别扭，最终还是和好了。婆婆自从这次教训以后，也收敛了许多，尽管她一直仇视着媳妇，动辄就找机会整治一下媳妇，但是再也不敢恶语中伤杨梅的父母了。

　　对于杨梅的婆婆，或许没有几个人会赞成她的做法吧，不管杨梅的爸妈如何，对于杨梅而言，他们终究是她的父母，是养育她长大的父母，也是她在这个世界上最亲最爱的人，又岂能容忍别人在那里说三道四，何况是婆婆，那个她成天都喊她妈的女人，杨梅觉得自己的忍耐力已经很不错了，她再三地规劝婆婆，让婆婆不要总是咬着她父

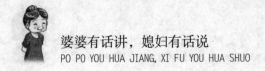

母不放了，但婆婆就是不听，最终使得婆媳关系一度恶化，甚至婆婆还挨了媳妇一巴掌。

当然，做媳妇的，出手打婆婆自然是她的错，但是，任谁都无法忍受别人去诋毁自己的父母，而且是在外人面前，这不仅让杨梅无法

接受，更让她颜面扫地，所以，她才在盛怒之下扇了婆婆一记耳光，也因此影响到了自己和老公的感情。

每个人都有攀比心理，婆婆也是，哪个婆婆不希望自己找的媳妇人品好、工作好、长得好、对自己好、家世好。这样不仅仅是为自己的儿子着想，更会让自己在亲戚朋友面前有面子，有炫耀的资本，哪怕是聊天的时候，也不会被别人比下去。或许就是出于这样的攀比心理，让许多的婆婆嫌弃媳妇，对媳妇挑剔刻薄。媳妇是娶来居家过日子的，不可能各个方面都那么优秀，婆婆先想想自身的条件，媳妇也未必就那么无可挑剔。

媳妇有话说

可以讲理，也要示弱

凡事都应该讲一个"理"字，俗话说，有理走遍天下，对于婆媳而言，

最难讲的却往往就是这个"理"字，因为婆媳之间，成天面对的无非是那些芝麻绿豆的小事，能有多少道理，又能讲出来多少道理？但是，千百年来，婆媳之间却又一直为这个"理"字争论不休，当然，做媳妇的，尽管可以和婆婆讲道理，甚至据理力争，但是，最终还是要学会示弱，只有这样，才能更好地和婆婆相处。

在婆婆面前，媳妇毕竟是媳妇，是晚辈，尊重、迁就婆婆是最基本的为人之道。婆婆含辛茹苦地将儿子养大，有多少艰辛掺杂在里面，她当然想给儿子最好的、最优秀的，我们都应该理解婆婆的那份心思，她是因为太爱儿子，所以无形中提高了对媳妇的要求，她觉得媳妇应该配得上儿子，甚至各方面都要比儿子优秀，她才会感觉到心理平衡。当然，当婆媳之间发生矛盾的时候，婆婆也希望自己能受到媳妇的尊重，或许她会允许媳妇讲道理、去争辩，但最终，她愿意看到的还是媳妇向自己认错，并保证改正错误。

媳妇在面对婆婆的时候，总是需要考虑到很多问题，注意许多事情，有些话只能听不能说，有些事情只能做不能有异议，即便和婆婆有了争论，也要学会示弱。其实，在婆婆面前，示弱不是认输，也不是懦弱的表现，相反是智者的选择，示弱是对婆婆的尊重和退让，更是平息战火、搞好婆媳关系的制胜法宝。会示弱的媳妇，不仅能得到婆婆的喜欢，而且自己也不受气，只要你懂得示弱，婆婆有再大的怒火也会平息。

李娥是典型的80后，大学毕业后，找了一份工作，就和恋爱已久的袁飞踏上了红地毯，走进了婚姻的围城。对于李娥而言，她觉得和袁飞相爱就是他们结婚的唯一理由，哪怕袁飞没钱、没房、没车，自己也是一穷二白，但是，只要他们相爱，就没有任何力量能阻碍他们走到一起，所以，他们的结合，就是时下最流行的"裸婚"。

"裸婚"的他们是赶了时髦，为爱情谱了一篇美妙的乐章，但是，"裸婚"也是需要勇气和代价的，"裸婚"造成的所有后果还需要他们自己承担。李娥和袁飞结婚后，就租住在出租屋里面，房子还算可以，两室一厅，两个人生活也算足够了，但是，毕竟房子不是自己的，谁也不想花钱在上面，只是经过了简单的收拾，还算温馨，两个人白天出去工作，晚上回家一起做饭，享受二人世界，日子也过得安逸而幸福。

但是，这份安逸和幸福，被袁飞的妈妈彻底打破了。袁飞和李娥结婚后，婆婆一直打算在儿子媳妇那里小住几天，做父母的心李娥也能理解，所以就答应了，觉得不就是小住几天吗？有什么大不了的，顶多这几天她好好地表现表现，让婆婆满意便是。就在婆婆来之前的那个晚上，袁飞给李娥叮嘱了许多事情，比如他妈妈的喜好，怎么样说话做事他妈妈会比较喜欢等等，李娥也认真地听着，生怕漏了一句，到时候惹婆婆不高兴是小事，万一影响到袁飞和自己的感情，那就得不偿失了。

婆婆是典型的农村妇女，有许多农村妇女的优点，善良、朴素、节俭，但也有一些农村妇女无法改变的缺点，那就是小气、爱计较、嗜钱如命，婆婆一来，矛盾也如影随形。婆婆一来，李娥以前的许多习惯都成了坏毛病，婆婆觉得李娥花钱大手大脚，所以提出暂时管钱，李娥觉得婆婆很过分，来这里没几天就要管钱，再说，又待不了几天，免得折腾，所以就委婉地拒绝了；婆婆来之后，包揽了所有的家务活，这让李娥觉得很开心，屋子被婆婆收拾得那叫一个亮堂啊，但是，婆婆做的饭确实无法让李娥恭维，每天都是面条，里面要么搁点土豆，要么就搁点鸡蛋、西红柿、菠菜之类的，婆婆说这样省钱，吃了几顿后，李娥彻底受不了了，提议到外面大吃一顿，要么做点肉吃吃，但是婆婆坚决不同意，还生气了，生气不要紧，要紧的是婆婆关起了门，谁也不理，饭也不吃。

于是李娥就在门口好说歹说地劝，还使劲儿地道歉，并说："对不起，妈，是我错了，我不是因为自己想吃肉，是觉得您来应该吃点好的，我们每天都吃面条，我自己吃无所谓，但是给您吃，我心里过意不去，如果妈您不喜欢吃肉，那我依您，以后都听您的，行吗？"婆婆最终开了门，脸上也有了笑意。随后，李娥算是摸准了婆婆的脾气，只要婆婆一生气，她就道歉，承认错误，保准婆婆会高兴。

其实，李娥在对待婆婆的时候，抓住了婆婆的心思，采取了一种示弱的迂回战术，不管自己对不对，只要看见婆婆生气，她就主动承认错误，哄婆婆开心，而婆婆也会因此平息怒火。李娥所说的话，处处都站在婆婆的立场上，为婆婆考虑，婆婆心里当然开心，其实，李娥在这一点上，是极为明智的，试想一下，假如她也和婆婆针锋相对，那么势必会大吵一架，这样一来，不仅会将婆媳关系搞僵，也会影响到自己和老公的关系，可是，她这样示弱，不仅能化解婆婆心中的怒气，也对自己没有损失，自己顶多就费点唇舌，说几句好话，却能换取家庭的安宁，何乐而不为呢？

当然，做媳妇的，能这样权衡利弊自然就避免了许多婆媳矛盾，然而，面对婆婆，又有几个媳妇能做到如此呢？其实，人老了也就更加孩子气了，更需要哄着来，只要哄得她开心了，做媳妇的也就省了好多麻烦，婆婆可以帮你分担好多事情，家里也会被她收拾得干干净净，下班回去就有热腾腾的饭菜，所以，聪明的媳妇自然不会去惹婆婆不开心，惹婆婆不开心，说白了就是和自己过不去。

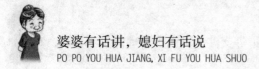

相处之道

　　谁说向婆婆低头认错的媳妇就是懦弱的呢？其实，能做到向婆婆低头认错的媳妇，才是聪明的媳妇。试想一下，和婆婆硬碰硬对谁都没有好处，只会将整个家都搞得鸡犬不宁，相比家庭的安宁幸福而言，低个头，认个错，适当地向婆婆示弱，的确是最明智不过的选择了。示弱的一方，并非是输的一方，而且，在婆婆面前，没有什么面子不面子的问题，相比面子而言，婆媳关系融洽来得更实惠、更直接，所以，媳妇们，适当的时候要懂得向婆婆示弱，也要学会示弱。

可以承认莫须有的错，但也让你知我的情

　　人与人相处，难免会出现一些误会，这种误会有可能会冤枉了好人，纵容了坏人，也有可能伤害了一颗无辜的心，但是不管怎么样，事实只有一个，只有事实真相大白的那一刻，误会才会被澄清。然而，婆媳之间生活在一起，更是难免出现误会，有时候，婆婆会因为一些事情而误会媳妇，而媳妇为了家庭的安宁，也暂时承认了莫须有的罪名，但是，却要让婆婆明白，自己是为了家庭利益考虑、为了婆媳关系考虑，并非是真正犯了错。

　　凡事都有个轻重缓急，所以，在我们做事情的时候，总会权衡利弊，看什么能做，什么不能做，做了之后会出现什么后果，对自己会有哪些影响。其实，婆媳关系也是如此，婆婆媳妇生活在一起，磕磕碰碰

的事情在所难免，当矛盾出现的时候，往往需要一方作出让步，主动地承担起错误，另一方的怒火才会被压下去，也会避免一场战争的爆发，相反，如果双方都各执己见、互不相让，那么，最终难免会闹得不可开交，不管是媳妇还是婆婆，都得不到好处，只会伤了和气。

不管是媳妇还是婆婆，当遇到问题的时候，应该多思考一下，多站在对方的立场想想，千万不要动不动就破口大骂、大吵大闹，而且，当这些事情涉及婆婆媳妇其中一方的时候，更应该仔细地分析事情的起因，不要随意地给对方扣上任何一顶帽子，即便是当时你看得清清楚楚，就是对方犯的错，你也应该三思而行，不要冲动，更不要莽撞，冲动和莽撞是要受到惩罚的。当你冷静下来，仔细地分析事情的原委，或许就能从中发现另外的隐情，不至于一下子就将对方打入十八层地狱，尤其是当对方没有肯定地承认自己犯错的时候，更不能得理不饶人，该谅解的还是要谅解，该体谅的也要学会体谅。

纤纤的婆婆是一位艺术家，是著名的画家，而且对收藏也有特别的爱好。纤纤第一次见婆婆的时候，就感觉到了婆婆身上所散发出来的那种艺术气息，而且，凑巧的是，纤纤也从小就喜欢艺术，喜欢画画，自然和婆婆有共同的话题，婆婆也喜欢纤纤这位媳妇。

纤纤结婚后，和婆婆生活在一起，婆婆平时在家也就做做家务、做做饭，再就是摆弄她的那些收藏，纤纤和老公恋爱的时候就知道，婆婆的那些收藏是她的宝贝，谁也不能动，动了无疑就是和婆婆过不去，婆婆一定不会饶恕的。纤纤自然记在心里，平日里对那些收藏也是小心翼翼。

周末的一天，老公的表姐带着孩子来家里玩，那孩子六岁，比较调皮，婆婆和表姐在客厅聊天，纤纤在厨房准备晚饭，孩子一个人到处跑着玩。下午的时候，表姐带着孩子离开了，纤纤和婆婆也各自回房休息去了。吃完晚饭，婆婆让纤纤将自己的书房收拾一下，说是落了不少灰尘，纤纤就去收拾了，也乘机过了一把瘾，说实话，婆婆很懂得艺术，也很会收藏，她的许多收藏品价值都很高，纤纤很羡慕，也很佩服婆婆。

但是，第二天一大早，纤纤收拾好东西准备上班，就听到婆婆在书房尖叫，纤纤急忙跑过去，看到婆婆抱着一只已经裂开的花瓶哭，嘴里骂着："让你平时小心、小心，不要乱动这些东西，你就是粗心，现在我的宝贝破了，怎么办啊？这是我最心爱的！"纤纤明白，婆婆手里裂开的花瓶，恰恰是婆婆最得意和最喜欢的收藏，平时别说是抱一下，就连看一眼，婆婆都会舍不得，但是，这并不是自己打破的。

"妈，那不是我打破的，您知道，我平时都很小心的！"纤纤委屈地说，并将婆婆拉到椅子上坐下来。"那你说是谁打破的，再说，我的书房除了我进去，也就你和我儿子，但是我儿子这几天出差了不在家啊，难道你还觉得是我自己打破了怨在你头上的吗？"婆婆气急败坏地说。

纤纤觉得，这个时候再解释也是白搭，于是就说："妈，是我错了，是我没有管理好这个家，没有照顾好你的宝贝，让它不明不白地破了，妈，我向你承认错误，希望妈能原谅媳妇！"婆婆听到这些话，尽管还生气伤心，但语气软了许多。"也是妈太着急了，你知道的，这件宝贝是我最喜欢的，现在破了，多可惜啊！没事了，你去上班吧，让我一个人静一静！"

晚上纤纤回来的时候，婆婆面露尴尬地说："纤纤，那花瓶不是你搞坏的，是你表姐的孩子打破的，当时孩子吓得没敢说，回家才偷偷告诉你表姐，是妈冤枉你了，你当时怎么就不说出来！""妈，没事，看着你当时那么生气那么伤心，我如果再不承认，岂不是更伤你的心！"纤纤笑着说，她心里清楚，婆婆的气也消了！

其实，从纤纤和婆婆的故事可以看得出，这对婆媳不仅平时相处得不错，即便是在遇到问题，发生误会的时候，还能巧妙地化解，当然，这主要是因为媳妇懂得迁就和包容婆婆，媳妇能为了家，为了能和婆婆和睦相处而懂得退让，甚至承认那些莫须有的错，而婆婆发现是自己冤枉了媳妇之后，也能主动向媳妇认错，这样一来，战争很难发生。

婆媳之间，讲究的是相处的方式和方法，也讲究一些策略，必要的时候，任何一方作出适当的让步，并非没面子，也不会丢人，反而，会将大事化小，小事化了，更是为了家庭的安宁团结，所以，明智的婆媳，不会将日子过得水深火热，不会成天为了一些鸡毛蒜皮的小事而大动干戈、大伤和气。

媳妇给婆婆低头认错是很自然的事情，应该正确地看待这个问题，哪怕当时并非你的错，是婆婆错怪了自己、冤枉了自己，但只要能让她消气，能让这个家安宁，媳妇应该学会忍耐、学会谦让、学会包容，相信，事实总有澄清的一天，也自然有还你公道的一天。再说，在婆婆面前，争辩没有多大的用处，只会将矛盾更加激化，适当地让步，不仅能体现出你的大度，更会让婆媳之间友好相处。

可以暂时吃亏，但不能无缘由地无私奉献

人生一世，得失在所难免，吃亏或占便宜更是司空见惯的事情，而有时候，得失并非一眼就能看穿，吃亏未必就是不幸，说不准还因祸得福呢。所以，在一个家庭中，婆媳之间相处，也没有所谓的谁得谁失，更没有什么吃亏不吃亏的说法，有时候，吃亏就是福，占便宜反而是祸根。但是不管如何，在婆婆面前，媳妇可以忍受自己暂时吃亏，但吃亏也要有原因，不能无缘由地无私奉献。

婆媳之间，看似只是单纯的两个人的相处，但是，却牵扯到许多人，尤其是对于一些人口多的大家庭而言，不仅有父母，还有兄弟姐妹，这个时候，做媳妇的面对的人就比较复杂了，上有公婆，下有儿女，中间还有小姑子、大姑子、小叔子、大伯之类的，甚至还有七姑八婆，总之，这些关系错综复杂，就得小心维系，懂得圆滑地相处，不能有任何差错，否则，得罪了一个人还好说，得罪了一家人就真的不好受了。

对于媳妇而言，面对婆婆就已经让她够受的了，假如再加上大家庭里面的一些其他的成员，就更加头大了。媳妇也都很清楚，人家都是一家子人，在一起生活那么久了，彼此早都过了磨合期，相互之间都相互适应和熟悉了，但是媳妇不一样，毕竟刚开始生活在一起，家庭成员的许多习惯、爱好、脾性都不清楚，一时半会儿也没法搞清楚，因此，自然会多了一些问题和矛盾。当然，这个时候，媳妇要冷静、理智，不能因为一时的冲动而乱了阵脚，一旦自己暴怒了，那么，其他的人

势必会抓住你的弱点，所以，媳妇要学会忍让，哪怕明明是自己很吃亏的事情，也要忍让，不过要跟他们说清楚，让他们明白，自己可以暂时吃亏，但不会无缘无故地无私奉献，之所以这么做，全是为了这个家，为了大家的安宁和幸福。

小燕结婚之前也想过老公家那么大的一家人，以后相处肯定比较难的这个问题，但当时，她怎么也无法想象，到底是如何难法！结婚后，她才发现，这种上有公婆，中间有哥哥、嫂子、小姑子的家庭，麻烦也真够多的，每次，看着一大家子大大小小的，她总想，婆婆怎么生了这么多孩子，如果老公是独生子那该多好！

抱怨归抱怨，小燕知道，一切都是白搭，日子还得往下过，既然自己选择了这样的家庭，就没有逃避和退缩的余地，只能努力好好相处了。小燕一直觉得婆婆还算不错，平时说话和风细雨的，做事也干脆利落，对自己也过得去，不会故意刁难，也不会总是安排这个安排那个让她去做，再说，还有大嫂帮着做事，大嫂是那种看起来很贤淑乖巧的女人，平时话不多，活却都在干，因为在家当着全职太太，不需要上班，小燕反而和她合得来，经常在一起说话聊天。最让小燕头疼的就是小姑子，小姑子不仅性格暴躁，而且疯疯癫癫的，说话做事没个规矩不说，想起一出是一出，总喜欢翻腾小燕的东西，平时闲着总会问小燕要一些化妆品、衣服、香水之类的，小燕一点都不喜欢小姑子。

但是，她又不敢直接得罪，要知道，小姑子是婆婆的掌上明珠，更是一家人都喜欢的人，老公也特别疼爱这个妹妹，所以，小燕觉得，就利用小姑子来搞好婆媳关系，这样一来，尽管看起来自己比较吃亏，但是，事实上自己还是赢了。于是她就投其所好，时不时地送小姑子

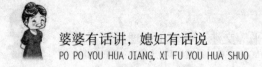

一些衣服、化妆品之类的，而且还专门给小姑子在网上淘了几款香水，小燕算是大出血了一次，以前自己都舍不得买这么贵的东西呢！做完这些后，小燕发现，婆婆虽然嘴上说她乱花钱，但是，心里高兴着呢，所以，就对小燕更加好了，而且，婆婆私下还给小燕送了好几次首饰，婆婆家本身就很富裕，婆婆自己有不少存款呢！小燕就这样，通过讨好小姑子得到了婆婆的欢心，大嫂那边自然比较好说话，同样，逢年过节的，她从不吝啬钱，哪怕自己不花，也要给家里其他的人买礼物，而且，家里的其他男人，那就更好搞定了，只要注意礼仪，懂得尊重，就没有任何问题。

　　小燕的确是个聪明而理智的媳妇，面对这样的大家庭，居然也能相处得如此融洽，其实，仔细分析就会发现，小燕最大的优点就是愿意吃亏，舍得花钱。尽管小燕拿钱搞定这一切，显得有点俗气，可是，不管如何，钱都起到了大作用，而且，看似小燕吃了亏，长远看，也并非这样，反而是占了便宜，毕竟能和家人处好关系，有时候是再多的钱也买不来的。

　　每个家庭都有它的特殊性，所以，每个媳妇都要面对不同的家庭和婆婆，还有其他家庭成员，只要懂得相处之道，懂得了解每个人的心理，在相处的过程中，巧妙地使用一些方法，就会赢得对方的认可和喜欢。千万不要把那些暂时看起来得得失失的事情看得那么重要，做好一些吃亏的心理准备，并且偶尔让自己吃点亏，让别人占点便宜，或许，对于自己就是一次转机，对于家庭就是一个安宁幸福的开始。

其实，爱占便宜是人的本性，不想吃亏也是人的本性。生活中，让我们吃亏，或许没有几个人愿意，谁愿意别人当自己是傻子，随意压榨呢？然而，在婚姻生活中，面对婆婆，甚至是婆家的一大家子人，就应该学会看淡得失，学会吃亏，如果太在乎这些，你只会活得更累，适当的时候吃点亏未必是不幸，相反，说不定还会因祸得福呢！而且，自己吃亏无非就是钱财受一些损失，但是要相信，暂时的失去是为了得到更多，而暂时的得到，或许会变成永远的失去，聪明的媳妇自然明白其中的道理。

可以顾全大局，但也要保住小家

在女人的心目中，或许家才是生命中最温馨的地方，也是最值得珍惜的港湾，家里面有自己深爱着的老公，有可爱的儿子或女儿，他们的存在，让女人的一生不再有缺憾，给了她许多的温暖和爱，还有幸福。所以，女人愿意为了家而付出一切、牺牲一切，为了保护她的小家，可以变得更加坚强、勇敢，可以直面所有的困难和阻碍。

面对生活，更多的时候，需要我们去作出各种各样的选择，小时候选择一份玩具，甚至生日的时候，选择一个自己喜欢的蛋糕，长大后，我们更是要学会选择，选择学校、选择工作，选择伴侣……当然，这些影响我们生活甚至生命的选择，就不能那么儿戏了，要慎重，要权衡利弊，不然，就像下棋一样，一步走错，全盘皆输。当然，对于一个家庭而言，选择媳妇是一件大事，直接关系到家庭的幸福安宁，同样，对于媳妇而言，也需要面对大大小小的选择，当有些事情关系到更多人或者整个家庭的利益的时候，媳妇往往会选择顾全大局，但是，同时，她最在乎的还是自己的小家，她也会想方设法保全自己的小家。

杨洋是大城市长大的女孩子，从小在父母的娇惯下长大，没有吃过一点苦，大学毕业后，却不顾父母亲友的反对，嫁给了生在农村的张强，杨洋觉得，两个人的婚姻，爱情是最重要的，至于家庭条件这些，都是次要的，所以，她在崇尚爱情的思想观念下，开始了自己的婚姻生活。

结婚后，杨洋追随张强到了农村，办了一家养殖场。开始的时候，遇到了各种艰辛和困难，但是都没有让他们退缩，坚持了两年后，养殖场不仅盈利赚了钱，还得到了当地政府的大力扶持，杨洋和张强也改变了自己家庭的状况，父母也开始对张强刮目相看了。杨洋的婆婆张妈，大半辈子都过着贫穷的生活，这下儿子飞黄腾达了，她自己也改变了以往的生活态度和习惯，开始好好地享受生活了。她喜欢金银，儿子媳妇就尽量满足她，因为张强一直觉得妈妈从来都没有好好地享受过生活，没有过上一天好日子，没有吃过好吃的，所以，他有了钱，当然第一个就想到了自己的妈妈，他给妈妈买了各种好看的衣服、首饰和吃的，张妈自然乐得合不上嘴，逢人就夸自己的儿子争气。

但是，渐渐地，张妈对杨洋表现出了太多的不满，她觉得杨洋好吃懒做，平时家务活一点都不做，花钱还大手大脚，主要的是，结婚以来一直没有怀孩子，到医院检查了好多次，都没有什么问题，但就是怀不上。婆婆自然着急，背地里好多次告诉儿子，让儿子和媳妇离婚，说他们张家不能绝后啊！儿子自然没有将这个放在心上，他和杨洋是真心相爱的，杨洋一直以来都没有嫌弃他的家庭，和他一起拼搏，在背后默默地支持他，他才有了今天的成绩。张妈看见儿子对自己的话无动于衷，就开始故意为难杨洋，让杨洋做饭、洗衣服，本来家里有洗衣机，她偏让杨洋手洗，而且大冷天的，还不让用热水，杨洋内心当然委屈了，但是，她一想到自己和张强的爱情就忍了。

婆婆并没有因为杨洋的忍耐而收敛，更是变着法儿地折磨杨洋，只要张强不在身边，张妈就骂杨洋："你说你怎么搞的，连个蛋都不下，我们白养着你啊！""妈，你怎么能这样说啊，我不是去检查了吗，大夫说好着呢，估计是缘分没到吧！"杨洋委屈地说。

"放屁，我们村人家好多媳妇都结婚一年就生了大胖小子，人家怎么就那么有缘分？你要是再生不出来，就自己自觉离开张强吧！我们张家不能绝后的！"婆婆一副得理不饶人的样子，杨洋只能跑到屋子里大哭一场。她何时受过这等待遇，她也想一走了之，但是，一想到自己和张强的爱情经历了那么多的磨难和曲折，现在好不容易过上了好日子，怎么能说舍弃就舍弃呢？为此，她只好强忍泪水，希望自己能早日怀孕。

终于，杨洋真的怀孕了，怀孕后，婆婆一下子转变了对她的态度，对杨洋好得不得了，不管杨洋要吃什么都依着她，对杨洋好得似乎忘记了自己以前的所作所为。杨洋一直都记得婆婆对自己的折磨和侮辱，本来想趁机好好教训下婆婆，但是，转念一想，何必呢，婆婆的心情她可以理解，在农村，媳妇不生孩子那是说不过去的，尤其要生男孩，而且，张强又那么孝顺，为了自己和张强的幸福，她还是选择了忍耐。

其实，在杨洋的心目中，太多的事情都比不上自己和老公的爱情

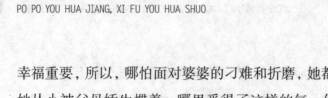

幸福重要，所以，哪怕面对婆婆的刁难和折磨，她都能忍耐，按照常理，她从小被父母娇生惯养，哪里受得了这样的气，但是，一想到自己和老公好不容易才过上的幸福生活，权衡之下，她选择了保护自己的婚姻，至于婆婆，她也纯粹是看在老公的面上不去和她计较。相对自己的婚姻和幸福，婆婆那点折磨和为难又算得了什么呢？

或许，当我们看了杨洋和婆婆的故事，或多或少都会为杨洋打抱不平，也会从内心深处厌恶张妈，但是，仔细想一想，就觉得张妈也有张妈的道理，毕竟她是典型的农村妇女，思想观念比较保守，她对孙子的期盼是可以理解的，她对媳妇的要求也是可以理解的。我们姑且不去评论杨洋和婆婆之间孰是孰非的问题，先说一说，当媳妇面对这样的婆婆，需要做的是什么呢？

（1）忍耐是最好的解决方法

忍一时风平浪静，退一步海阔天空，对于婆媳而言，任何一方能做到这一点，将会避免许多争斗，多一份和谐和友好，对于一个家庭而言，自然也多了一份安宁和平静。婆媳相处，总有一方需要示弱，总需要有一方能退一步、让一步。一般而言，做媳妇的要懂得迁就婆婆、忍让婆婆，不仅因为她是长辈，更因为她是将老公养大的人，没有功劳也有苦劳，更何况忍耐是为了老公和自己的幸福。

（2）懂得权衡利弊，懂得舍弃

人生需要舍弃的东西太多太多，在婚姻生活中更是如此，尤其是对待婆媳关系的问题上，更应该懂得权衡利弊，懂得孰轻孰重，懂得作出合适的选择，面对选择的时候，要扪心自问，问自己内心最真实的想法，自己到底要什么东西，要面子？还是要家庭的幸福、婆媳关系的和谐？只要真实地面对自己的内心，才能作出无愧于心的选择。

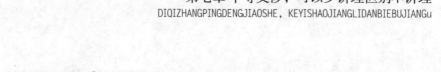

相处之道

　　家是女人情感的港湾，也是一辈子都值得珍惜的地方，更是女人一生幸福的源泉，所以，在婆媳相处的过程中，为了自己的小家，媳妇愿意去做任何事情，去接受任何事情。为了家和老公，她会变得坚强、无坚不摧，为了家和老公，她也会坚决地对一些事情说"不"，但也更应该学会忍让。

第八章 孩子来做小信使，小脚一跑彼此交心

孩子是上天赐给夫妻最珍贵的礼物，也是婆媳关系的润滑剂。孩子的话语总是能够让婆媳之间的战争得到缓和，更多的时候，孩子充当的是婆媳间小信使的角色，婆婆可以通过孙子听到媳妇的近况，媳妇也可以通过儿子传达对婆婆的孝意，以此来让彼此交心，让这场婆媳间的战争消失在爱与孝、理解与宽容之中。

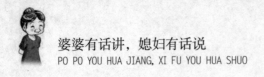

婆婆有话讲

钱塞在孙子手里，念的还是媳妇的好

　　爱情是两个人的事，但婚姻却是两个家庭的事。父母老了，作为儿子媳妇理所当然地会给他们钱养老。可是父母的心一生都在孩子身上，他们只想儿女过得好，既然媳妇给了钱就塞给孙子，同样也是给了自己的孩子，也是将儿子媳妇的孝心接收之后的返还，但是返还之余惦记的却是媳妇的好。

　　时间会悄然抚平往昔的伤痛。在婆媳大战中，时间也在无声无息中发挥着其伟大的功效，在清除着婆媳之间的误会，润滑着婆媳之间的摩擦，并且一天一天地加深彼此的感情。从媳妇刚进门时候的小心翼翼，到后来相处中不断地摩擦，再到后来的相互谅解，婆婆的心里也对自己的媳妇有了了解，虽然嘴上不说，但是打心眼儿里知道媳妇终是自己的孩子，她也像儿子一样希望自己过得好。

　　媳妇的好，在婆婆的心里，可以从很多方面来衡量，有时候钱也是可以作为衡量的一个因素，虽然它在有些人看来庸俗，但也是最真实的。往往对婆婆来说，收到媳妇的钱也就是等于收到了媳妇的孝心，先不管钱是多是少，只要一收到心里就先乐开了花。可以逢人就夸自己的媳妇有多孝顺，对自己有多惦念、有多好，这样不光脸上有光，而且还可以在心理上有个安慰，在精神上有个满足。

可是婆婆在收到媳妇的钱以后，往往也不会自己去用，而是留着，要么存在银行，打算在自己百年之后留给自己的儿子媳妇，要么就塞给自己的孙子，让孙子去替自己花。但是不管是怎样的处理方式，婆婆心中总是有这样的一个想法：钱是媳妇给的，是媳妇的一片孝心。当然在婆婆的心里一直惦记的也是媳妇的好。

李倩跟吴强已经结婚快十个年头了，有一个聪明伶俐的女孩，今年五岁。吴强跟李倩因为工作的原因，一家人在省城生活，一年到头也就回老家那么几次。与身边的女同事还有朋友相比，李倩可以说是跟婆婆相处得最好的。有的同事揶揄她，那是因为没跟自己的婆婆在一起长期相处。李倩知道，跟自己的婆婆关系处得融洽，没有住一起是一方面的原因，但是另一方面的原因，就是她跟自己的婆婆都是明事理的人，懂得彼此的相处之道。

李倩生在农村，家庭条件不好，并且家里还有一个弟弟。出嫁以后，赚到的钱还是会有一部分寄回家去，婆婆知道了也没有说什么，更没有吵闹着说不让给，这点李倩一直心怀感激。这几年来，弟弟也毕业了有了工作，并且李倩跟吴强也在省城买了房子过上了好日子，李倩并没有忘记自己的婆婆，而是每隔一段时间就会给自己的婆婆寄一些钱，要么就直接买一大堆东西去看她。每次李倩给自己的婆婆钱，婆婆总说自己有，不需要，让他们留着给孩子用，并给自己添几件衣服什么的。听了婆婆的话，李倩每次都要微怒，说自己跟吴强一年到头来不了几次，让她和公公跟着去省城里面住也不去，连钱也不接受，那就是不接受他们的孝心，然后讲一大堆的道理，最后婆婆不得不收下。其实公婆每次看到媳妇跟儿子回家他们心里早已经乐开了花。

虽然每次收到的钱她并没有去按照媳妇说的给自己买点好东西，

而是要么存在了银行里，要么给了自己的宝贝孙女，但是她知道那是媳妇对她的好，所以不管在什么情况下，她都很爱护自己的媳妇，也都很维护她的媳妇，逢人就夸她的媳妇有多么孝顺，给了她多少钱，其实她并不是显摆，而是心里开心、高兴。

做父母对孩子的要求也不高，只是想要儿女把他们放在心上，只是想要儿女在闲下来的时候能够惦记他们，婆婆也是一样，虽然说跟自己的媳妇没有任何的血缘关系，并且还处于一种很微妙的关系中，更可能会因为一些鸡毛蒜皮的事情引发"婆媳大战"，但婆婆的心也是柔软的，也是想要自己的媳妇多孝顺自己一点，多关心自己一些。

就像是故事中李倩的婆婆一样，不管是怎样的情况她都会维护自己的媳妇，都惦记媳妇的好。虽然那些媳妇带来的钱、带来的东西会起到一定的作用，但是透过那些钱、那些东西婆婆看到的是媳妇的心，是媳妇对她的关心与尊重。所以不管媳妇给的钱用在了哪里，是塞给了自己的孙子还是存进了银行，她始终惦记的都是媳妇的好。

婆婆也不全都是不解人情、不明事理的，也不是媳妇天生的克星，婆婆也希望一家人和和气气、美美满满，只要媳妇懂得关心自己，懂得尊重自己，那么婆婆也时时刻刻惦记着媳妇的好。

媳妇对自己有没有心，对自己好不好，首先要看媳妇对自己小气还是大方。如果媳妇对自己过于小气，像铁公鸡一样一毛不拔，那么这样的媳妇肯定在心中没有多少位置留给自己。可是如果媳妇总是给自己钱用，也总是买东西带回来，那么说明在媳妇的心里有自己的位子，自己在乎的并不是钱，而是媳妇的那份心。所以，作为媳妇想要跟婆婆处好关系，那么就一定要知道婆婆的心思，记得时不时地给婆婆一点零花钱，给她买点东西，不管钱是多是少，那是代表自己的孝心，这样婆婆也会惦记着自己的好。

想知道媳妇的近况，跟孩子聊天就知道

奶奶都很疼孙子，喜欢陪孙子玩，陪孙子聊天，更重要的是，在孙子那里总能够打探到一些关于媳妇的消息，这是大多数人都明白的一个事实。虽然说婆婆有时候会跟自己的媳妇怄气，但终归是自己的媳妇，总想知道她的近况，总想知道她在与儿子的相处中发生了哪些事情。而这些消息的来源就是孙子，跟孙子一被窝里面睡，自然就能旁敲侧击地打听到媳妇的近况，对于媳妇的一切行为和活动也就了如指掌了。

媳妇嫁进来了也就成为了自己家里的人，虽然很多时候都不住在一起，虽然在一起的时候也总是磕磕碰碰的，会有一些不愉快的事情发生，让自己生气，但总归是一家人，所以很多时候婆婆对媳妇还是很牵挂的。

有了牵挂，就总想知道媳妇的近况，可是往往婆婆有着自己的个性与坚持，如果经常打电话问媳妇生活如何，婆婆也会觉得别扭，所以更多的时候在等待着媳妇主动打来电话，以此来了解他们那个小家里的日子。但是这个电话有时候一等就是很长时间，这让做婆婆的着

实苦恼。

不过这样的苦恼也不会维持多久，因为在媳妇有了孩子以后，往往会将孩子交给婆婆带。媳妇跟儿子往往忙于工作，不能够让孩子得到很好的照顾，所以就只能寄放在父母的家里，让婆婆帮忙。这时候孙子——这个小信使就在婆媳的关系中起到了很大的作用。往往媳妇会因为想念自己的孩子而经常打电话过来，问孩子的成长，问孩子的衣食住行等，这时候婆婆也就有了理由来听听儿子媳妇生活的近况。

当然除了自己问问媳妇的近况，婆婆还可以通过孙子的口知道媳妇的事情。与孙子在一个被窝里面睡，聊得更多的是他的爸爸和妈妈。童言无忌，孩子往往会说到很多关于他爸妈的事情，婆婆则能够更多地掌握媳妇与儿子的近况，从而少一丝牵挂，多几分安慰。

李婆婆自从退休以后就没有什么事做，每天除了打打太极、买买菜，就是带带自己的孙子、跟老伴聊聊天。儿子媳妇虽然是和他们老两口在一个城市生活，但由于年轻人想要有自己的生活，所以也就分开来住了。但是这也不坏，因为以前跟媳妇在一起的时候总有一些磕磕碰碰，毕竟是年轻人，在思想以及行为等方面都与自己有着很大的不同，而分开来住反而让婆媳之间更亲近了。

很多时候，媳妇会把孙子浩浩送过来跟自己住一段时间，特别是在放假的时候，浩浩总是跟李婆婆住。浩浩今年六岁了，已经在上学，小嘴特别会说，也会逗奶奶爷爷开心，并且很多时候浩浩总是告诉奶奶自己妈妈爸爸的事情。就像是有一次浩浩过来住，在跟奶奶聊天的时候提到自己的妈妈在单位由于工作出色受到了奖励，有个家庭的集体旅游机会，过段时间要去国外旅游。李婆婆听到孙子的话之后，虽然嘴上不说，但是心里早已经乐开了花，为自己媳妇的能干而感到骄傲。那段时间，与老街坊聊天的时候总是说自己的媳妇有多能干、有多出色。

当然除了这些好消息，李婆婆还能够从孙子的口里听到媳妇对自己的关心，媳妇每次送孙子过来都会带很多的东西孝敬公婆，问候婆婆、关心婆婆的身体，还嘱咐孙子不要淘气，要逗爷爷奶奶开心等。有时候从孙子的嘴里还能够知道媳妇与儿子在平时的相处中对于自己跟老伴的挂念，以及对他们身体的担心等。虽然这都是很平常的事情，但是在李婆婆的心里这些都是幸福，而自己的孙子浩浩则是这些幸福的传递者，也是她与媳妇之间互动的一条纽带。

谁说婆媳之间就一定是大战，谁说婆媳之间只有猜忌跟怀疑。其实婆媳之间也有温情的时候，婆媳之间也有幸福的牵挂。而孙子往往就是这条幸福的纽带，也是牵挂的传递者。往往当婆婆跟孙子睡在一个被窝的时候，就能够聊到自己的媳妇，聊到自己的儿子，平时生活中婆婆所不知道的那些琐碎，那些他们生活中发生的大大小小的事情，经过孙子的诉说，经过孙子独特的表达会变得与众不同，也会变得精彩且有意义。

婆媳就是这样一个奇妙的关系，婆婆对媳妇是关注的，也是关心的，但是由于身份以及个性的原因，她们往往不会把自己的关心表现出来，只是通过询问孙子来了解媳妇的近况，对媳妇默默地关心与牵挂。所以，在婆媳关系中，孩子往往是传递关心与牵挂的一个小信使，也是婆媳之间无形的沟通者，只要婆婆跟孙子在一个被窝里睡，那么媳妇的近况婆婆都会了解。

对于婆婆来说，媳妇更多时候其实就像是自己的女儿一样，时间长了不见就会有牵挂，也想知道她过得怎么样。只是媳妇再亲近毕竟不是自己的女儿，在情感表达以及相处中还是要有一定的考虑，有时不好直接问。所以，往往媳妇的近况，婆婆不会直接去问自己的媳妇，而是通过孙子来了解。在与孙子的相处中，媳妇的近况、媳妇儿子的生活都会了解，这样的情感表达也是婆婆对媳妇的关心和牵挂。

可以跟妈亲，但更要跟奶奶亲

孙子往往是爷爷奶奶的心肝宝贝，奶奶对于孙子的疼爱是一种完全不同于儿子且超乎儿子的疼爱，说白了更多的是一种娇惯和溺爱，往往孙子想要什么，奶奶不管怎么样也要给他弄到手，哪怕是孙子要星星，她都愿意摘。当然在这样的一种疼爱之下，奶奶也希望孙子可以跟自己变得更加亲近。婆婆希望自己的孙子跟自己更加亲近，这样她们疼爱孙子的心才能够得到更好的安慰。

在轰轰烈烈的婆媳大战中，很多时候其实是一种爱的争夺。当婆婆看到儿子将一个陌生的女人领进了门，并且开始了最亲密的生活，似乎儿子对那个毫无血缘关系的女人比对自己还好，这时候婆婆就会有一种儿子被抢夺了的感觉。所以，很多时候婆婆总是看媳妇不顺眼。

当然这可能只是一开始的表现，慢慢地，当媳妇融入了这个家，成为了这个大家庭的一分子，那么在婆婆的心里也就慢慢地接受了媳妇，接受了媳妇对自己的爱的掠夺。

这场爱的争夺会随着时间慢慢地消逝，当然并不是所有的婆媳之间都可以如此轻易地熄战，除非儿子能够将自己媳妇与母亲之间的爱拿捏得很好。可是当孙子出生之后，又会有新一轮的爱的争夺，这场争夺就是对孩子的爱的争夺。往往对于婆婆来说，对孙子的疼爱会超过对儿子的疼爱，这可能跟年龄有关，也可能跟人的天性有关。在婆婆的心里，因为对孙子疼爱有加，当然心里也希望孙子跟自己更加亲近一点。也就是说在婆婆的心里，有了这样的一个准则，孙子可以跟妈妈亲，但是更要跟奶奶亲。

孩子亲近妈妈是天经地义的，也是正常的。但是婆婆却希望孙子和奶奶更亲，因为在孙子的亲近中，自己总能够感受到一种被需要、被肯定的感觉。婆婆的心也会被孙子的"特殊对待"而填满，会觉得自己的人生充满了意义。因为在婆婆的心里，孙子对自己的亲近是一种对爱的肯定，也是对自己感情的最直接的体现。

天又开始变冷了，达达奶奶又开始张罗着给达达换上厚厚的棉被，并且拿出了保暖的棉衣。可是衣服穿多了，怕孩子动起来会太热，穿得太少又怕达达冷，奶奶总是根据当天的气温调换。虽然说麻烦，但这是奶奶对自己孙儿浓浓的爱。

自从媳妇生下了达达，一直是奶奶照顾达达，从小的换洗尿布到穿衣服洗澡，奶奶总是亲力亲为，并且媳妇每天也是忙于工作，没有过多的时间来带达达，所以照顾达达的重任就落到了奶奶的身上。在照顾达达的过程中，其实换洗尿布等都是小事，最花心思、费工夫的就是每天晚上睡觉穿的睡衣。一般在秋天的时候就开始穿单睡衣睡觉，到冷了就慢慢地加厚，最后到冬天的时候就要穿着最厚的睡袋睡觉。但是睡袋并不是很好，为了不让达达的胳膊伸到外面被冻到，所以达达的奶奶就花了很多的心思进行睡袋改造，戴着老花镜一针一线地缝补成最适合的睡袋……

达达就是在奶奶这样浓烈的爱中长大的，现在达达已经三岁了，虽然还小，但是已经很懂事，并且对于奶奶对自己的爱也会偶尔进行"回报"。有一天晚上，奶奶洗了头坐在沙发上，媳妇看到了就问要

不要吹风机，当时达达正在旁边玩玩具，听到妈妈的提议之后，突然就拽起奶奶往卧室走，并且边走边说"头"，当时很多人都没有反应过来，后来再走了几步才知道达达是催奶奶去卧室拿吹风机。虽然这是个小小的举动，但是却让奶奶的心中觉得暖暖的。达达妈妈也是个好媳妇，在看到婆婆拿来了吹风机以后，就让婆婆坐下来，自己帮她吹头发。媳妇知道，在婆婆的心里对达达多么重视，她也明白婆婆对达达的疼爱，所以在相处中并没有跟婆婆争夺达达的爱，而是教导自己的孩子要更孝顺奶奶。

婆婆的心思没有那么多，只是希望自己的付出能得到认可，只是希望得到家人的尊重与重视。特别是到年老的时候，她们更是渴望得到爱，得到亲近。所以往往对于孙子会付出更多的爱，同时也希望得到孙子更多的亲近。这一点，一个聪明的媳妇一定要明白，因为能不能搞得清楚婆婆的这个心思，会直接关系到婆媳之间的相处。

明白婆婆的这番心思，在与之相处的过程中少一点对孩子感情的

争夺，让孩子多跟奶奶亲近、多关心奶奶，这样婆婆也会感受到媳妇对自己的体贴、对自己的好，当然婆媳之间的感情也就会变得更加好，这场婆媳大战也会在相互的理解中熄火。

相处之道

　　孙子是媳妇的宝贝，但更是自己的宝贝，孙子可以跟自己的妈妈亲，但是和奶奶更要亲。因为孙子的亲近表达了对自己的感情，也表示了自己在他心中的位置。当然孙子对自己的亲近与否也能够刺探到媳妇对自己的看法，如果媳妇能够忍受孩子跟自己的亲近，并且时常让孩子孝顺奶奶，那么与媳妇的相处也就没什么问题，这样的媳妇更值得婆婆的关心以及呵护，也能够教育出更出色的孩子。

当年自己打儿子可以，媳妇打孙子不行

　　对孙子的教育问题一直以来都是婆婆所关心的，也是激起婆媳大战的一个诱因。很多的媳妇看到自己的孩子调皮时，在无计可施的情况下总爱打骂，但是这却犯了婆婆的大忌。想当年自己打儿子可以，但是在看到媳妇对孙子打骂的时候心中的愤怒以及不满也就生了根，让她不得不给媳妇点颜色瞧瞧。

　　话说隔代更亲，在现实社会中的确如此。婆婆对孙子投入的感情很多时候都是胜过当年给予儿子的，在对孩子的教育中也是如此，即

使新的教育观念她们还没来得及跟上，对于孙儿的脾性她们也只是纵容，但是她们还是给予自己的孙儿更多的溺爱。

孙子的话语就是扳不倒的命令，无论怎样都要执行到底，并且在看到媳妇打骂孙儿的时候她们的愤怒也会高涨起来，心也在那里隐隐地颤抖，想到的都是孙儿的疼痛与委屈。可是回头一想，当年自己也打骂儿子，从未感觉到如此的愤怒，但是如今看到媳妇打骂孙儿却是无法容忍，这是怎么回事呢？

打骂孩子是一种不好的教育方式，会对孩子的心灵造成损伤，她才不愿意让自己的孙儿在这样的教育环境中长大！所以，为了给孙儿争回快乐的童年，也为了让自己心中的怒气能够得到平息，婆婆不得不与媳妇进行理论，甚至是进行激烈的对战。"你这样是不对的，不可以打骂孩子……你这个妈是怎么当的，怎么感觉和后妈一样……"这一连串的话语会直接钻进媳妇的耳朵，也是对媳妇的一种考验。

如果媳妇反抗，要跟自己理论，那么自己也就跟她理论，总之对于打骂孩子的事情绝对不能够让步。虽说自己老了，但是对于一些原则性的问题还是需要坚持的。一定要讲清楚其中的利弊关系，让自己的媳妇心服口服。如果媳妇听自己的话，那样是最好，也免除了自己的一番口舌，既可以让自己的孙儿免受打骂之苦，又可以在媳妇面前树立自己的威信，表明这个家应该是自己说了算。

儿子四岁时，小小的老公被派往外地分公司。当时繁忙的工作，琐碎的家务，以及不断感冒的孩子，令小小的生活乱如麻。幸好婆婆及时赶到，令所有纷扰通通解决。现在，家中总被收拾得井井有条，每天回到家里也是饭热菜香，对于儿子的照看也不会显得那么的手足无措。生活似乎很美好，这样的日子让小小感觉到了无比的幸福，但是谁知道矛盾已经在幸福的背后探头探脑了。

最初的争执是儿子想要一个别的小孩都在玩的枪支玩具，小小领儿子到商场去看，价格很贵，婆婆当时看了就说不能买，太贵了、太浪费了。但是儿子硬是要，夹在婆婆跟儿子的中间，小小感觉到了无比的为难。最后想了一下，应该顺着婆婆的意思，毕竟她是长辈，说话也有道理。谁知道儿子就不干了，直接在商场里哭了起来，无奈之下，小小就抱着儿子回了家，在一番哭闹之后，儿子红着眼睛睡着了。

几天后，在小小以为儿子已经忘记了那个玩具的时候，谁知道有一天儿子提着一支玩具枪回家了。看到那个玩具，小小心中充满了疑惑：这支玩具枪究竟是怎么来的？在一番询问之后，小小才知道，玩具枪是儿子从同学的手中抢回来的，听到这样的答案，小小一下子火了。从未打过儿子的小小狠狠地将儿子打了一顿，儿子的小屁股上有着很明显的巴掌印。那时候婆婆正好出去买菜了，所以也没有看到小小打孙子的场面。等到婆婆回来听见孙子哭声的时候，她就慌了，忙跑过去看是怎么回事。小小把事情的前因后果告诉了自己的婆婆，还想婆婆肯定是支持自己的，因为孩子的行为根本就不对。谁知道令小小诧异的是婆婆不但没有支持她，还第一次开口骂了她，说小小狠心，居然舍得打骂孩子。面对这样的指责，小小感到了无比的委屈，她想自己打骂孩子是天经地义的，婆婆为什么要横加阻拦？当然这个小插曲只是一个矛盾的开始，随着儿子越来越调皮，小小的心中总是充满着怒气，想要调教好儿子，所以打骂也就越来越多，与婆婆的关系也越处越差。

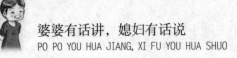
　　为什么开始的时候可以跟婆婆相处得那么好，在管教儿子的事情上却让婆媳之间产生了矛盾？可能很多人都会不解，妈妈打骂管教儿子是天经地义的，为什么婆婆要加以阻挠呢？并且婆婆当年在管教自己儿子的时候肯定也会打骂，为什么就不允许自己的媳妇打骂孙儿呢？其实想要知道答案，作为媳妇一定要懂得婆婆对孙儿的心思。

　　孙儿虽说是媳妇生的，却也是婆婆的心头肉，看着媳妇打骂孙儿，虽然知道是孙儿做错了事，但还是心中不忍。并且年轻人不懂得去用和谐的方式沟通，脾气也不知道收敛，看到孩子犯了错就直接进行打骂，这样的教育方式虽然说自己以前也用过，但其实是要不得的，因为打骂可能会让孩子产生一点畏惧心理，但解决不了根本问题。所以作为婆婆一定要让媳妇知道，和谐的教育方式才是最佳的，也是最能够收到效果的。这样既可以让孙儿不在打骂中成长，又可以避免因为孙儿挨打自己心中疼痛。

相处之道

　　和谐的相处方式更能够收到好的成效，在婆媳相处中这是一条定律。每次看到媳妇打骂孙儿，心中的不忍以及不满便会悄悄地露头，然后慢慢膨胀。孩子是上天赐给整个家庭的礼物，作为孩子的妈妈不应该对孩子进行打骂，这样不仅会伤到孩子的身心，也会让幸福在打骂声中慢慢地溜走，所以作为婆婆一定要教导媳妇这个道理，让她寻找到教育孩子的最佳方式。

媳妇有话说

不好意思认错，就让孩子替你去说

作为媳妇，在与婆婆相处的过程中难免会出现一些错误，虽然有时候自知理亏，但是女人的骄傲以及自尊似乎让自己低不下头去认错，特别是面对婆婆的时候。可是不认错也不行，这时候孩子就可以帮助自己解决这个问题，让那些歉意通过孩子传达给婆婆，从而让婆媳间的相处更加融洽。

犯了错之后想办法向自己的婆婆承认，然后让错误得到很好的解决；犯了错之后依旧不承认自己的错误，跟婆婆争斗，让错误不断地扩大，从而让婆媳之间的危机更深。明智的媳妇会选择前者，因为毕竟是一家人，还要在一起生活，就算是做错了，也没有什么事不可以化解。当然可能有的媳妇会想，向自己的婆婆承认错误，需要很大的勇气，更多的时候很难低下头，那么应该怎么办呢？其实向婆婆认错，也并不一定要亲力亲为，特别是当家里添了一个小天使的时候，自己的错误可以让小天使去传达，从而让错误得到原谅，让婆媳之间的关系在不断的调和中升温。

美美在一家广告公司上班，由于忙于工作，所以对于家里的事情并不是很上心。虽然已经结婚快十年了，但孩子是婆婆一手带大的，家里的家务也是婆婆一手操办的。在心中美美对于婆婆尽是感激，可是即使如此也难免会出现众多婆媳之间出现的问题，会因为年龄的差距以及生活观念等方面的差异出现一些争执。

有一次，美美放了一周的假，想要带儿子去国外旅游，但是婆婆觉得这样不妥，因为孩子还没有放假，需要读书。可是美美说，好不容易有一次机会可以带孩子去开开眼界，去体会一下异国风情。但是婆婆仍坚持自己的看法，所以婆媳两个人就杠了起来。美美也是个急脾气的人，当时也没想那么多，只想带儿子出去旅游一下，也就顶撞了婆婆几句，但最后还是向婆婆妥协了，没有带孩子去国外游玩，而是让他去正常上学。即使这样，婆媳之间也还是出了问题，婆婆一直都在因为美美的顶撞而生气。事后，美美也知道自己错了，但是碍于面子一直都不知道怎么开口。

这样的日子持续了一段时间，丈夫和儿子都看出了端倪，但是作为丈夫夹在媳妇跟妈妈中间也不好怎么做。所以在再三的思索之下，美美觉得应该让儿子去当她与婆婆间的传话筒，让他代替自己向婆婆道歉。周末的时候，她去帮婆婆买了一款婆婆一直想要但是又舍不得买的手镯，然后让自己的儿子送到了婆婆的手里，在镯子的包装中，

她特意放了一张卡片，将歉意写在了卡片上。婆婆在收到卡片之后，笑着对媳妇说："一家人不用如此，有争执是正常的，只要知道哪里错了该如何去做就行了……"在与婆婆的交谈中，美美学到了很多，也在交谈中与婆婆的关系更深了一步……

无论怎样精明能干的媳妇，在生活中还是难免会犯一些错误，在与婆婆的相处中也难免会与婆婆发生一些争执，这些争执可能是因为

自己的任性，也可能是由于不懂生活，但不管是怎样的原因都可能犯错误，有了错误就应该去承认并改正，这是我们在人生中必须要懂的道理，也是正确的处事方式。作为媳妇也是一样，如果在与婆婆相处的过程中犯了错误，就要勇敢地去承认并改正。即使有时候碍于情面无法当面承认错误，也应该要想办法向婆婆表达歉意。

就像是故事中的美美一样，犯了错误不好意思去承认，可以通过孩子来传达歉意，当然再特别附上一个精心挑选的礼物，这样承认错误的方式肯定会得到婆婆的原谅。因为通过孙子，一方面可以知道媳妇向自己承认错误了，另一方面还可以在孙子面前小小地骄傲一下，让孙子知道媳妇很重视自己，也很尊敬自己。所以，当媳妇的一定要明白这个道理，摸清婆婆的心思，在犯了错误不好意思承认的情况下让孩子去替自己道歉，从而让婆媳之间的相处更为融洽。

相处之道

生活中难免会犯一些错误，但是这些错误也不是罪不可恕，如果不好意思亲自去向婆婆认错，但是不认错又不行，索性想个办法来解决问题。这时候孩子的作用就体现出来了，让孩子代替自己向婆婆道歉，通过小孩的嘴让婆婆知道自己的悔悟以及歉意，从而让错误与误会在巧妙的承认中得到解决，让婆媳之间的相处变得融洽。

当着婆婆训孩子要有方法

孩子总会淘气，也总会做一些错误的事情，在这个时候对孩子进行教育是不可避免的。在孩子的教育中，往往婆婆也会参与到其中，毕竟孩子作为全家人的宝，一家人都将其捧在手心里。但是在教育孩子的时候，年轻的妈妈们要注意了，在教育中要讲求策略，千万不要当着婆婆的面对孩子大吼大叫，甚至是打骂孩子，因为这样的教育方式不仅不会让孩子得到教育，还很可能会引发婆婆的不满，让婆媳间的关系恶化。

婆媳间的关系很微妙，它不像是母女间的相处，可以随心所欲，可以无条件地包容与相信，而是需要顾及各个方面，也需要在相处的过程中将关系拿捏得正好。在媳妇与婆婆的相处中，有很多的细节，包括生活方面的细节，也包括人情世故方面等都可能会引起婆媳之间关系的紧张，甚至也有可能爆发婆媳大战，所以在与婆婆相处的过程中媳妇就要懂得拿捏分寸，懂得讲求一定的策略。

在孩子的教育方面也是一样。孩子是家里的宝，更是婆婆的宝。孩子的穿衣住行，婆婆一手照料，孩子的教育婆婆也想参与。但是毕竟婆婆接受的教育与现代的教育理念有出入，她们的教育方式也不能够适应现在孩子的成长，所以教育观念的不同也就成了婆媳之争的导火索。

有时候年轻的妈妈们在看到孩子犯了一个错误之后，立马想要让孩子认清自己所犯的错误，并且要得到相应的处罚。但是在婆婆的眼里这可了不得，孩子还那么小，怎么可能会分辨出是非对错呢，所以就喜欢去维护孩子。特别是当看到媳妇在打骂孩子的时候，更是无法忍受。想当年自己也是那样教育儿子的，但是在看到媳妇这样对待孙子的时候可就忍受不了了，所以婆媳间的争议也就因为孩子的教育问题越来越大，婆媳关系也就越来越紧张。

其实，在对孩子的教育中，婆婆跟媳妇虽然所持观念不同，但实质上都是为了让孩子更好地成长。所以在教育孩子的过程中媳妇要做到跟婆婆沟通，让婆婆认识到教育孩子的重要性。即使孩子还小，但是也要让孩子分清是非黑白，分清对错，并且在日常的生活学习中也要得到有效运用，这样才能够让孩子更好地成长。当然在与婆婆的沟通中以及当着婆婆的面教训孩子的时候媳妇需要讲求一定的策略，要让教训孩子的方式能被婆婆所接受，并且也有助于孩子认识到自己的错误，促进其成长。

李林在一所大学里面教书，不管是在事业上还是在家庭方面她都让别人羡慕。虽然说李林跟自己的公公婆婆住，但是结婚五年来，从来没有出现过别人所说的婆媳问题。这一方面跟自己的婆婆宽容的性格有关，另一方面也是因为李林懂得如何去经营婆媳之间的感情，如何做到让婆婆满意。

在对孩子的教育问题上，李林也懂得在婆婆面前教育孩子的方式。李林的儿子叫乐乐，今年三岁了，异常调皮，小脑袋瓜子里面装着各种稀奇古怪的东西，往往就容易惹很多祸出来。记得有一次在幼儿园游戏中，他看着同班一个女同学的辫子又长又亮，忍不住去摸了一把，结果把那个小女孩吓哭了，乐乐想办法去哄那个女孩，可是那个女孩的性子也倔，把乐乐惹毛了，所以两个小家伙就打起架来，老师在看到这个情况后立即制止，又把双方的家长叫来。在接到电话之后，李林正在上课，所以就让乐乐的奶奶先去看乐乐，然后自己也赶到了。李林去的时候，那个女孩子的妈妈也在，她就领着乐乐去向那个女孩道歉，并告诉乐乐不能够对女孩子动手动脚，因为是男子汉大丈夫，要懂得保护女孩子等等。乐乐在妈妈的教育中也懂得了与女孩子相处的一些道理。对媳妇的这种教育方式，婆婆也是心花怒放，从来都没有因为孩子的教育问题跟媳妇区气。

孩子的教育问题是一门很深的学问，也是婆婆与媳妇关系中的一个重要的方面。如果在对孩子的教育问题上婆媳出现了隔阂，那么可能会在相处中出现更多的问题。所以媳妇在婆婆面前教育孩子的时候要讲求一定的策略，让婆婆对自己的教育方式能够欣然接受。那么，在婆婆面前应该如何教育孩子呢？

（1）教育孩子要掌握时间

孩子做了错事，不一定当时就要进行批评，而是应该要掌握一定的时间，当然这也是婆婆最在意的。因为在清晨的时候批评孩子，那么孩子一天的好心情会遭到破坏，看见孩子一天闷闷不乐的，那么婆婆肯定要找媳妇的麻烦；吃饭的时候批评孩子，则会影响到孩子的食欲，这也是婆婆最不愿意看到的；在睡前批评孩子，则会影响到孩子的睡眠，不利于孩子的成长，这也是婆婆最忌讳的。所以，对于媳妇来讲，教育孩子要避开这三个时间段，以此来让孩子的教育更加科学，更加符合婆婆的心理。

（2）教育孩子不能够掺杂自己的情绪

很多的父母在孩子犯了错之后就会出现心烦意乱的情绪，并且在教育孩子的时候会将自己的情绪带入，对孩子又打又骂，或者在冲动之下说一些不该说的话让孩子的心灵受伤。这样教育孩子也会引起婆婆的不满，导致婆媳关系的紧张。所以在教育孩子的时候媳妇一定要记得，要先缓和自己的情绪，用平静的态度去教育孩子，避免随意打骂，而是帮助孩子找出犯错的原因并进行改正。

（3）教育孩子要给孩子申辩的机会

孩子犯错也会有原因，所以作为妈妈一定要给孩子辩驳的机会，而不是直接给孩子判刑。特别是在婆婆面前教育孩子，一定要有个理智的妈妈的样子，让婆婆对自己的教育方式进行肯定。在孩子犯错误之后，给予孩子说话的权利，让孩子澄清事实，如果孩子能够把犯错的原因都讲清楚，那么对于孩子的错误妈妈也会有一个更为全面的认识，继而能够更好地引导孩子改正错误，让孩子更好地成长，这当然也是婆婆最想看到的。

一个明智而有涵养的媳妇更能够得到婆婆的认可，也更能够让婆婆放心地将孩子的教育交给自己。所以对于媳妇来说，不管是在生活中还是在对孩子的教育中一定要扮演好自己的角色，教育孩子要讲求策略，让婆婆认可自己，认可自己的教育方式，从而共同促进孩子的成长。

没时间的话，就让孩子做回礼物的信使

婆媳间的感情需要彼此的理解与关怀，也需要一些礼物作为铺垫，毕竟礼物是最现实的表现，也是表达心意的一种方式。可是对媳妇来讲，可能有时候会因为工作的忙碌等无法亲自送礼物给婆婆，那么这时候就可以让孩子去做一回礼物的信使，让礼物以及孙子的到来为婆婆的生活添一丝色彩，也给婆婆的心中带去一些温暖与关怀。

中国是一个讲究礼节的国家，人们之间友好的关系往往喜欢用礼物来传达，不管是名贵的礼物还是一般的礼物，都是一片心意，也是表达友好的方式。在婆媳之间的关系维护中，偶尔也需要用一些礼物来表达彼此的关怀与友好。就像是在婆媳第一次见面的时候，媳妇登门拜见未来的婆婆，会带一些婆婆喜欢的礼物，婆婆也会赠予未来的媳妇一些礼物，以此来传达彼此之间的心意。

在婆媳关系正式建立以后也会有礼物的往来，这些礼物的往来也是婆媳之间感情的交流。特别是在一些重大的节日时，媳妇向婆婆赠送一些适当的礼物更能够促进彼此之间的感情。在婆婆生日的时候，可以选择一些婆婆喜欢的礼物，比如说一些好的护肤品，或者是一两件衣服，反正要投其所好；再比如，在三八节、中秋节以及母亲节等有意义的节日时也不要忘记给婆婆送一些礼物来表示自己对婆婆的关心以及重视，从而拉近婆媳之间的距离。

有些媳妇，常年在外，为了生活、为了家庭而忙碌，不能够在节日的时候回家，亲自表达自己对婆婆的关心以及惦念，也不能够将所选的礼物亲手送到自己婆婆的手中，让婆婆明白自己的心意。但是这也无关紧要，因为很多时候情意的传达并不一定要当面进行，关心以及惦念也能够越过地域的阻隔，通过一份小小的礼物到达所惦念的人的心中。所以，那些没有时间的媳妇，可以让自己的孩子做礼物的信使，以此来传达自己对婆婆的关心以及惦念，从而让婆媳之间的距离更近。

佳佳跟自己的丈夫一直在外地打工，孩子交给公婆带，一年到头也只能回家一次，所以不能够侍奉公婆，也很少照顾孩子。即使佳佳很想孝顺自己的公婆，很想自己带孩子，但是由于现实的原因一直有心无力。对于公婆在家里的操劳，佳佳很是感激，也知道他们带孩子的不易，出门在外很多年，她一直没有忘记孝顺公婆，每次逢年过节总要带礼物给公婆，要么自己带回去，要么就让自己家附近的人捎回去。

孩子到了读书的年龄，佳佳就将孩子带到了自己打工的城市，想要给孩子更好的教育。虽然说孩子不在公婆身边了，但是佳佳从没忘记公婆对孩子的养育之恩，每次只要是节日，她都会跟孩子一起去买一些礼物，等到孩子有时间的时候让孩子带回去，孝敬自己的公婆。公婆也体谅儿子和媳妇，为了生活，他们没有时间来看自己，每次在拿到媳妇精心挑选的礼物时，虽然嘴上说不要为了他们两个老人花钱，但心里还是美滋滋的，因为每一份礼物都承载了儿子和媳妇对自己的关心、对自己的惦念，更体现了对自己的爱以及对自己的孝心。并且由孙子带来的礼物，让老两口格外开心，他们明白媳妇知道自己想孙子了，所以也就让孙子带着礼物来看他们。在这样的关心与爱护中，

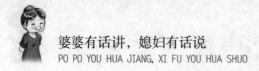
虽说佳佳一家经济条件不好，生活也仅仅勉强过得去，但是他们一大家却过得其乐融融，母贤媳孝，非常幸福。

礼物在婆媳之间的关系中有着妙用，作为媳妇如果能够发觉其中的奥妙，那么在与婆婆的相处中也会更上一层楼。因为不管是一件普通的衣服还是一件漂亮的首饰，不管是一套简单的护肤品还是一盒昂贵的保健品，这都是媳妇对婆婆的孝心，也都承载着媳妇对婆婆的关爱。往往婆婆在看到礼物的同时也就感受到了媳妇的心意，也就体会到了媳妇的孝心，怎么可能会不心花怒放，跟自己的媳妇好好相处呢？

所以，作为媳妇一定要懂得婆婆的心思，不管再忙也要在过节的时候将礼物送到婆婆的手中。当然，太忙的时候则可以让孩子做做小信使，通过礼物来传达自己对婆婆的心意，让婆媳之间的感情更加融洽，也让婆媳之间的相处变得更加容易。

每个人都喜欢得到别人的关怀，作为婆婆也是一样。虽然她们常常会反对媳妇跟儿子花钱给她们买礼物，但是实际上当礼物摆在了自己的面前，她们也会兴高采烈地接受，并且心中也是美滋滋的。所以做媳妇的一定要懂得婆婆的这些心理，不管多忙都不要忘记在节日的时候送给婆婆一份礼物，偶尔让孩子做做小信使，从而让婆媳之间的感情通过礼物的传递变得更加深厚。

别在孩子面前说婆婆的坏话

父母是孩子的第一任老师，并且在日常的生活中孩子也会受到大人的影响，不管是日常行为还是品性，孩子都会默默地模仿。特别是妈妈，因为妈妈跟孩子接触的时间最多，也是孩子最信赖的人。如果妈妈在孩子面前总说自己婆婆的坏话，那么孩子自然会耳濡目染受到影响，对奶奶的态度也会不好，这一方面会影响到孩子的健康成长，另一方面只要被婆婆发觉，那么肯定会引起一场婆媳大战，从而让婆媳之间的感情变得更糟。

虽然很多的婆媳在平时的相处中看似风平浪静，但是实际上在背后却是暗涛汹涌。可是为了家庭和睦，婆婆跟媳妇都会很努力地相互理解、相互忍让。但是在琐碎的生活之中，也有很多的矛盾，并且媳妇是年轻人，跟婆婆的思想、生活观念肯定有着一些差别，那么就难免会在生活中受到婆婆的"数落"。

对于媳妇来讲，面对婆婆经常性的"挑刺""挑衅"以及"数落"，即使耐性再好，时间长了也会牢骚满腹，想要发泄。但是向谁发泄却是一个大问题。因为情绪往往发泄给亲近的人，并且情绪的发泄很多时候也带有很多的主观色彩，一不小心也会招致倾听的人的多层意思的理解。而很多的媳妇在发泄自己不满的时候会找老公、自己的闺蜜或者是娘家人，其实这些人都没什么问题，他们也往往是自己的支持者。

可是有的媳妇却喜欢在孩子面前指责自己的婆婆，其实这并不是聪明媳妇的做法，因为这样的指责往往会给生活以及婚姻埋下一枚定时炸弹。

在孩子面前指责婆婆，说婆婆的坏话，那么很可能孩子会在无意间将这些话传进婆婆的耳朵里，并且也会当着婆婆的面学着妈妈指责奶奶的不是。这样的情况往往会让婆婆很伤心，对孙子那么疼爱，但是最后得到的却只是孙子的指责。在孩子面前说婆婆的坏话，也会给孩子树立一个不好的榜样，让孩子的教育缺失。甚至有时候在孩子面前说婆婆的坏话，被婆婆听了去，难免一顿吵闹，也会让夫妻感情失和，引起婚姻危机。

小梅的儿子浩浩周末去了乡下的奶奶家，回来后就发起了高烧，又吐又泄，小梅夫妻两人匆匆连夜把孩子送到医院挂了急诊。输了液之后孩子的烧退了，可是整个小脸还是略显苍白，人也瘦了一大圈。早晨，把儿子接回家以后，小梅的丈夫带着熬红的双眼去上班，小梅则请假在家照顾儿子。

由于整夜没睡，小梅有些头昏脑涨，在给浩浩换衣服的时候，发现了他腿上的伤，于是心里烦躁不已：心想浩浩去他奶奶家，没一次是健健康康地回来的，不是摔了就是肚子疼，不是感冒就是腹泻。不让孩子去吧，婆婆老在老公面前念叨想孙子了，去了吧，儿子一回家准生病，这让小梅的心里着实郁闷。

中午的时候小梅边给儿子喂粥边问他："奶奶都给你吃什么了？"浩浩说："桃子，李子，熏肉，腊肠，酸辣凉粉，还有糯米糕。"小梅一听头就大了，又惊又怒：因为浩浩从小肠胃就不好，他奶奶是知道的，怎么能这样由着孩子吃？

于是小梅就严肃地对儿子说："以后不准再吵着去奶奶家了。奶奶家里有虫虫，不卫生。吃饭时，蚊子苍蝇围着转，吃了小肚肚要疼的。"看儿子皱起了眉头，小梅又列举了一堆婆婆不讲卫生的习惯，果然，儿子乖巧地说："妈妈，我再也不去奶奶家了。如果奶奶来这里，我要教会奶奶讲卫生。"

小梅终于松了口气。果然，婆婆再让儿子去乡下玩时，儿子躲进卧室不去了。不久，婆婆特意到城里来看孙子。刚进门，儿子就嚷了起来："奶奶，要换鞋。"婆婆笑着的脸僵了一下，但还是换了鞋子。过了一会儿，婆婆从卫生间走出来，儿子又嚷了起来："奶奶要冲冲，要洗手。"吃饭时，婆婆频繁地给儿子夹菜，儿子端开了碗："奶奶，妈妈说这不卫生。"婆婆夹菜的手一下子僵住了，嘴唇哆嗦着说不出话，好半天才指着小梅老公说："没用的东西，娶了城里媳妇就忘了自己是谁了，连娘都不要了。"

当天下午婆婆就吵着回家了。刚送走婆婆，小梅与老公之间就爆发了一场激烈的争吵。老公指责小梅不该在儿子面前说婆婆的不是，这让婆婆很伤心。最后老公让她给婆婆道歉，如果不道歉，他就在办公室住不回家。都已经一周过去了，老公还没回家，打电话过去，他丝毫没有想回家的迹象。小梅心想，难道真的要给婆婆道歉？可是自己跟儿子又该怎么说？

陷入两难境地的小梅着实是受了在孩子面前说婆婆坏话的苦，虽然说不让儿子去婆婆家里了，让儿子能够又干净又卫生地生活，但是却让夫妻俩的感情失和，让婚姻陷入了僵局。其实本来事情可以很好

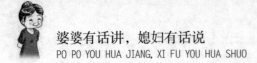

地解决，自己可以跟婆婆友好地沟通，在孩子的饮食上注意卫生，但是小梅却选择了在孩子面前说婆婆的不是，以此来阻止孩子去婆婆家。这样的一种处理方法虽然可以让婆婆知道自己做错了，但是所引发的情感危机也是让人不能够忽视的。

毕竟孩子还不能够很好地明辨是非，更不能够理解婆媳之间的微妙关系，孩子只是顺着自己的本性将自己所知道的事情说给大人听。而当婆婆听到自己的媳妇在心爱的孙子面前说自己坏话的时候，即使媳妇说的有道理也不能够容忍，更有可能会理解为别有用心，这样只会让婆媳之间的关系恶化，甚至会影响媳妇跟丈夫之间的感情。所以说，聪明的媳妇是不会在孩子面前说婆婆的坏话的，因为她们明白那是有百害而无一利的事情。

聪明的媳妇懂得婆媳相处之道，她们也懂得在婆媳相处中需要运用一定的技巧。对于一些雷区她们会巧妙地避过，对于一些是非她们也会轻而易举地躲开。就拿在孩子面前抱怨婆婆的不是来说，聪明的媳妇懂得在孩子面前说婆婆的坏话是有百害而无一利的，所以即使心中有再多的不满她们也会憋回去，或者是发泄到别的地方，她们永远会在孩子的面前扮演好媳妇的角色，一方面让婆媳的相处更加融洽，另一方面也给孩子树立好的榜样。